嫌われた知事

黒岩祐治

はじめに

思えば失敗の連続だった……。

神奈川県立の障害者支援施設、津久井《つくい》やまゆり園で元職員によって起こされた悲惨な大量殺人・傷害事件。私は生涯、この事件の衝撃から逃れることはできないだろう。

なぜ、こんなことが起きてしまったのか？　事件発生当初からずっと抱き続けた疑問であった。裁判を通じても、それは明らかになったとは言えない。植松聖《さとし》という異常な人格の男がたまたま起こした特別な、特異な事件だったというのが、一般的な見方かもしれない。

しかし、私の中ではみんながそう思いたいだけなのかもしれないとの思いが消えない。もしかしたら、起きうるべくして起きた事件ではなかったのか？　そう思わざるをえない現実に私は次々と遭遇してきた。障害福祉の現場には、巨大なアンタッチャブルな闇の世界が黒々と広がっているのではないか、そう感じることがしばしばだった。

　このような事件を二度と起こしてはいけないとの思いで、私は走り続けてきた。しかし、その過程で見えてきたさまざまな現実の中には、また、いつ、同じような事件が起きても不思議ではないと思わざるをえない恐ろしいものがたくさんあった。

　事件発生直後の対応から始まり、園再生へのプロセス、数々の決断、二度と起こさないための仕組み作り……。私は知事として陣頭指揮にあたってきたが、私の常識は何度も壁にぶつかり、破壊された。よかれと思い、決断したことが、裏目に出ることの連続だった。

　政策決定のスピード感を大事にしてきたことが、非難の嵐に晒される原因になった。ジャーナリスト時代から現場にこそ真実があると確信してきたのに、現場を見て、生の声に耳を傾けたことが、逆に真実を見失う結果にもなった。いろんな場面で、どれだけ多くの罵声を浴びせられてきたことか。誰が味方で、誰が敵か、誰の言葉を信じればいいのか、分からなくなることも一度や二度ではなかった。自分はみんなに嫌われているのかと心が折れそうになることもあった。

要するに、私自身が障害福祉の世界について、生半可な知識しかなく、本質を分かっていなかったのだと言わざるをえない。知事としていったん打ち出した方針を、その後、自ら撤回するなどというお粗末も演じてしまった。しかし、そうした失敗を重ねることによって、私は巨大な闇の実態が、少しだけ見えてきたような気もしている。

今さら、カッコつけようなんて思っていない。私のみっともない七転八倒のプロセスを自ら赤裸々に描き出すことにより、知られざる障害福祉の闇に少しでも光が射し込むよう貢献できたらとの思いで、この本を執筆した。失敗は成功の母という言葉を信じて。

これは知事の懺悔録である。

嫌われた知事

3 虐待と議会の反発

4 同志たちの言葉

5　直球の議論を形に

6　異例の人事と再出発

1 戦後最大の殺傷事件発生

津久井やまゆり園事件勃発

そこには山のようなおびただしい数の報道陣が待ち受けていた。

空には取材ヘリが飛び交い、同時に複数のテレビ局の記者やリポーターがマイクを握りしめ、生中継のリポートを行なっていた。かつて、マスコミにいた私にとって、それは既視感のある光景だった。しかし、車を降りた瞬間、カメラは一斉に私を取り囲み、リポーターのマイクは私に向けられた。私はもはやそちら側の人間ではないんだ。当たり前のことが頭をよぎった。

旧津久井郡は政令指定都市の相模原《さがみはら》市にあるが、都会とは一線を画した静かな山あいの街である。平成の大合併が進む中で相模原市と合併したが、今も緑豊かな自然が残る独特の個性が光るエリアだ。

県庁を出発した公用車が中央道相模湖東インターを降りて、くねくねとした山道に入り始めると、その日ばかりは空気がだんだん重くなってくるような気がした。自分が今、向かっている先には19人もの障害者が亡くなられた現場がある。

ご遺体はまだそこに残されているに違いない。そんな現場が近づくにつれ、胸が締め付けられるような息苦しさを感じていた。

車を降りた正面玄関で、対応してくれたのは社会福祉法人かながわ共同会の理事長と園長だった。そこで、家族会の大月《おおつき》和真《かずま》会長を紹介された。まず、第一声で何と言うべきか、いろいろ考えた。「驚きました」「たいへんでしたね」「ご家族は大丈夫でしたか？」いろいろな言い方はあるだろうが、どれも知事としての第一声にはふさわしくない感じがした。

「県立施設でこのような大惨事《だいさんじ》が起きてしまい、申し訳ございませんでした」

私はまずは大月会長に率直に詫びた。やはり、この言葉が私の気持ちにはしっくりくるものだった。後述するが、ここに至るまでには若干の紆余曲折があった。しかし、実際に発してみて、この言葉を選んでよかったと思った。

理事長と園長が事件の概要を説明してくれた。車の中でニュースを聞いていたから、だいたいのことは分かっていたつもりだった。しかし、事件が発生したその現場で、関係者から直接、話を聞いて、その残虐性がより生々しく伝わってきた。と同時に、なぜ、このような事件が起きてしまったのか、信じられない思いがより強くなった。

ふと、周りを見渡してみると、３人と私の会話にすべての記者が聞き耳を立てているのがよく分かった。集音マイクが突き出されていた。事件が起きてからまだそれほど時間が経っていない。ここにいる大勢の記者たちも現場での取材が十分にはできていないのだろう。発生直後の事件現場では、事件の概要そのものが分からないというのはよくあることだ。

情報が集約されるのは本社のデスクである。事件についての記者会見などもだいたいは警察本部で行なわれるため、記者が事件現場にいても、事件の詳細や全体像は分からない。そのため、デスクから情報をもらって、現場でリポートするというのは、特に事件の初動では普通のことだ。

19人の死者が出ていて、けが人も多数いる。犯人は元施設職員の男で、すでに自ら警察に出頭し、逮捕されている。そこまでは県警から情報が提供されていて、現場の記者たちも分かっていたようだ。しかし、その犯人はどういう人物でどういう働きぶりだったのか、犯行に思い当たる節はあるのか、前兆などはあったのかなどなど、この時点では施設の現場関係者から聞き出すしかなかった。

私と理事長らとの会話にこれだけ記者たちが集中しているというのは、まだ、施設関係者へのインタビューなどが十分に行なわれていなかったに違いない。そう感じた私は半分、記者に戻っていた。自分が聞き出さねばという気持ちになっていた。まるで、私がマスコミの代表取材をしているような格好になった。

「そもそも、犯人はどんな男だったんですか？」

「辞めたということですが、その当時、何かトラブルがあったんですか？」

「人格が変わったというのは、何かきっかけがあったんですか？」

「こんな事件を起こす兆候みたいなものはあったんですか？」

私は矢継ぎ早に質問を重ねた。理事長と園長は言葉を選びながら、懸命に答えてくれた。記者たちも必死にメモを取りながら、聞いていた。

「急に恐ろしいことを言うようになったんです」

「それはどのような？」

「障害者の人格を否定するような……」

記憶をたどるように言葉を探していたが、その具体的な中身にまではこの時点ではたどり着けなかった。

「意思疎通のできない人間は生きている意味がない」

それが、のちの裁判で明らかになった植松死刑囚自身の言葉である。そのような内容の〝恐ろしい〟言葉を彼は日常的に発するようになっていたということだ。しかし、なぜ、彼は施設職員として働く過程で変貌していったのか、その原因は深い闇に包まれていて、我々には想像する手立てすらなかった。

事件は「遺《い》憾《かん》」なのか

犯罪史上、稀《まれ》に見る凶悪事件が発生したのは２０１６年7月26日未明のことであった。相模原市にある県立の障害者支援施設、津久井やまゆり園で、元施設職員の植松聖（当時26歳）が刃物で入所者を次々に襲い、多数の死傷者が出た。当日早朝6時前、公舎で連絡を受け、ただちに私は県庁に駆け付けた。

現場に急行するというのも選択肢の一つではあった。しかし、情報が錯綜している状況下で知事が現場に現れると、逆に混乱に拍車をかけることにもなりかねない。結局、私が最初に下した決断は登庁してから3時間後の「10時に記者会見を開く」ということだった。

テレビの昼のニュース、新聞の夕刊の締め切りを考慮すると、記者にとって10時の会見というのは有難いはずだ。まずは記者会見の場で私自身がそれまでに集まった情報を基に、事実と、知事としての受け止めを語り、その上で犯行現場に向かう。その後は、時間ごとに、担当部局の職員が継続的に記者会見を行なって対応する。そう決めた。

突発の危機の時に最も大事なことは、どれだけ早く、正確な情報を伝えられるかである。

これだけ大きな事件になると、マスコミが一斉に動き出すに違いない。現場に向かう記者、病院に向かう記者、県の担当部局に押し寄せる記者、テレビの中継車もあちこち同時に出動しているだろう。記者たちは本社のデスクから「早く情報を取ってこい」とせっつかれるだろうから、手当たり次第に情報収集を始める。担当部局の職員も記者に質問攻めにされるだろうが、全体像は簡単には把握できない。断片的な情報が、細切れに流れていくと、情報錯綜に拍車をかけてしまうことにもつながりかねない。

だからこそ、記者会見をいち早く設定することが大事になる。ただいきなり記者会見を開くのではなく、会見の時間を決めて、まずは記者に伝えておく。すると、記者の動きは止まる。その間に集めた情報を整理し、一呼吸置いて、情報発信をするのである。

危機の際にメディアにいかに対応すべきかについては、私は知事になる前から、自身のキャスター経験に基づいて、講演会などで話していた。それをそのまま実践したのであった。

記者会見を前に、県庁内で緊急対策本部会議を招集した。１人で19人もの人間を殺害できるものなのか、単独犯なのか、そもそも何が目的だったのか、動機は何か、それほどまでに強い殺意はなぜ生まれたのか、施設職員たちは抵抗できなかったのか、利用者のみなさんはなぜ起きて逃げなかったのか？　睡眠薬で眠らされてでもいたのか……。疑問は次々にわいてくる。しかし、まずは、10時の記者会見で話すべき内容を詰めることが先決だった。その際に私が最もこだわったのは、県の責任についてどう言及するかであった。

「このような事件が起きてしまい、たいへん遺憾です」

それが３人の副知事を含む20人ほどの幹部職員による会議でまとまった知事コメントの方針だった。

津久井やまゆり園は県立施設である。ただ、県立施設といっても、実は２種類ある。県が県庁職員により直接運営している直営施設と、施設そのものは県所有ではあるが、運営を指定管理者に任せている施設である。今回の事件は後者であった。指定管理者制度というのは２００３年に民間のノウハウを活用しつつ、サービスの向上と経費の節減等を図ることを目的として導入された制度である。つまり、今回の事件は指定管理者であるかながわ共同会が管理する施設内で起きたことであるから、県には直接的な責任はないとのことであった。

しかし、私は「遺憾」という言葉にたいへんな違和感を覚えていた。まるで他《ひ》人《と》事《ごと》のような響きであって、しっくりくるものではなかった。何度も県幹部たちに確認したが、県の直営の施設ではないから、それでいいと言うのである。

事件発生後の知事の第一声はきわめて重要なものだ。県立施設で起きた事件について、県には責任がないという理屈が県民のみなさんに受け入れてもらえるだろうか。

「知事遺憾の意を表明～責任は共同会に」「知事、責任を共同会に押し付け」「責任から逃げる知事」「県立施設での凶行、知事は他人事」などなど、想定されるメディアの見出しが私の頭の中で躍った。

スミマセンは日本の文化

「謝罪は日本の文化です」

かつて県庁を訪れたアメリカ軍司令官に同行してきた通訳のアメリカ人男性が司令官に向かって発した一言を私は印象深く覚えていた。

神奈川県は横須賀《よこすか》、厚木《あつぎ》、座間《ざま》などの米軍基地を抱え、沖縄に次ぐ第二の基地県と言われている。米兵の不祥事や事故などの問題が起きることも少なからずある。それを乗り越えながら、米軍との信頼関係をいかにして維持していくかは我々にとってとても重要な課題である。

問題が起きた時には、我々は基地に直接、抗議に出向くこともある。その際、米軍側が謝罪するかどうかが一つの大きな焦点になる。どんな犯行であれ、判決が確定するまでは無罪が推定されるわけであるから、厳密に言えば、謝罪の必要はないと言えばそうなのかもしれない。

特にアメリカ人は日常生活の上でも、日本人と比べて、謝罪の言葉を口にすることは少ないと多くの在米経験者は語る。私自身もテレビ局時代、2年間のワシントン駐在生活の中で、謝罪しないアメリカ人にいら立ったことが何度もあった。

逆に言えば、日本人がいかにすぐ「謝罪」するかということでもある。むしろ、日本語の「スミマセン」は、日本人にとって、非を認めて謝るというほどの強い意味はなく、一種の挨拶に近いものと言った方が適切なのかもしれない。だからこそ、日本人は相手から当然「スミマセン」と言われるだろうと思い込んでいる時に、その言葉が出てこないといら立つのだろう。

そのアメリカ人の通訳はそんな日本人の国民性をとらえて「謝罪は日本の文化」という表現を使ったのだろう。そこをしっかり理解しておかないと、良好なコミュニケーションを取れないから注意した方がいいという忠告であった。

その後、実際に米軍の航空機事故が発生した直後に司令官との会談があった。もちろん私は、その件について触れ抗議を行なった。それに対する司令官のコメントを、注意深く聞いていたが、「謝罪」という言葉はなかった。そこで、会談としては異例とは思うが、あえて私からこう切り出した。

「外にはメディアが待ち構えています。この会談が終わった後、私は記者から会談内容について質問を受けます。私が聞かれる質問はただひとつです。『司令官は謝罪しましたか』です。『遺憾です』とは言っていただきましたが、それでは明日の新聞の見出しは『謝罪せず』になります。私はキャスター出身ですから、よく分かるんです。どうですか？　『謝罪』という言葉を使われませんか？」

彼は理解してくれたようで、「apologize」と述べたのであった。案の定、会談終了後、記者から聞かれた質問は「謝罪しましたか？」であった。翌日の見出しは「米軍司令官、謝罪」であり、この問題はその後、尾を引くことはなかった。

原稿にはない謝罪

日本人が日常生活の中で簡単に「スミマセン」と言い、それがまさに「日本の文化」であったとしても、県のような行政機関が同じように簡単に「スミマセン」と自らの非を認めていいかとなるとそれは全く別の問題になってくる。県の幹部たちが「県には責任がない」と言い張るにはそれなりの理由がある。

津久井やまゆり園は県の施設だが、そこで起きた事件は運営上の問題であるから、責任は指定管理者側にあるというのが、当局の見解であった。

しかも、法的に責任がないはずのものについて安易に責任を認めてしまうと、場合によっては補償・賠償の問題にも発展しかねない。不要であったはずの支出を認めてしまった場合、税金の無駄遣いとして追及される可能性もあり、県議会がどういう反応を示すかについても気を配らなければならない。前例と照らし合わせても、軽々しい判断はすべきではないというのが、県の公式見解であった。

常日頃、「県民目線の県政」と訴えてきた私はギリギリまで悩んだ。出来上がった会見原稿を持って会見場に向かっていたが、どうしても引っかかる。

記者会見はまず、当局とともに用意した原稿を読み上げることから始まる。その後は自由な質疑応答になるが、こういった重大事件の場合は、何よりも冒頭の第一声が重要となる。

そもそも、県立施設といっても2種類あるということを、どれだけの県民のみなさんが理解されているだろうか？　指定管理者制度について縷々《るる》説明した上でないとご理解いただけないだろうとは思うが、そんな説明は言い訳にしか聞こえないだろう。

通常なら、こういったことも含めて、県庁職員としっかり議論した上で、結論を出すのであるが、なんと言っても時間がない。私は会見場に向かう渡り廊下で、小《こ》板橋《いたばし》政策秘書官（当時）に聞いた。

「県には全く何の責任もないのだろうか？　僕は冒頭、やはり謝るべきだと思う。そうでなければ、県民の納得は到底得られないのではないだろうか？」

行政の実務を知り尽くした小板橋秘書官はしばらく考えた上で、次のように言った。

「少なくとも、監督責任はありますよね」

「よし、それでいこう！」

会見冒頭、私は原稿にない一文をアドリブで挿入した。

「県立施設でこのような大惨事が起きてしまい、県は指定管理者を指導、監督する立場から、心からお詫び申し上げます。亡くなられた方々に心から哀悼の意を表します」

翌日の新聞は「県知事『心からお詫び』被害者支援に全力」と報じた。謝罪したことへの批判はいっさいなかった。むしろ、あの時、謝罪していなかったら、どんな批判を浴びていただろうか。

血だらけの廊下での見守り

事件から2週間余り経った8月11日、警察の捜査も終了したというので、津久井やまゆり園を再訪した。その際、園の内部を案内してもらい、生々しい事件現場を見て回った。それは思い出すだに、身の毛がよだつような凄惨な現場だった。

大量の血痕が、廊下、階段に残っており、部屋には血だらけの布団がそのままにされていた。警察の捜査終了の直後だったため、事件現場がそのまま保存されていたのだった。

なんとか血痕を踏まないように気をつけて避けながら歩いたが、無理だった。

犯人は自分が襲った45人もの血を浴びて、たらたらと血がしたたるナイフを引っさげながら、深夜、この廊下、階段を歩き続けたのだ。それほどまでに犯人が抱いた強い殺意とはいったいなんだったのか。

一瞬の激情によって、思わず刺してしまったという事件はある。海外では銃を乱射して一気に大勢の人を殺傷したという事件も、ニュースで見ることはある。

しかし、植松死刑囚はほぼ無抵抗の45人を一人一人、自らの手で襲っていったのである。そのうち殺害にまで至ったのは19人。止めに入った職員を結束バンドで縛り付けて、たった一人で、延々と殺傷を続けたのである。

しかも、一人一人しゃべれるかどうかを確認した上で、しゃべれない利用者だけを、刺し続けたという。きわめて冷静に、自分がやるべきことをやり抜いていったようであり、絶対的確信に満ちた犯行としか言いようがない。犯罪史上、稀に見る大量殺戮《さつりく》の凶悪犯罪である。

事件現場となった建物は血の海のままだから、当然、そこには利用者はいない。とても支援などできる環境ではない。居住していた利用者は全員、体育館に移動して、支援を受けていると説明を受けていた。ところが実際はそうではなかった。

ある部屋の前で、じっと立って小さな窓から部屋をのぞき込んでいる一人の職員がいた。それは異様な、不気味な光景だった。なんと、その部屋には、一人の利用者が残っていたのである。

「この方は皆さんと一緒に体育館で支援を受けると、通常と違う状況が理解できずにパニックを起こしてしまうんです。お部屋にいる方が安心されるので、お部屋から出られないんです。でも、何かあったらいけないから、こうして見守っているんです」

彼は夜中もそうしているのだと言う。血だらけの廊下で、夜中も一人で部屋の前に立ち続けて、小さな窓から見守りを続ける。私には絶対にできない仕事だと思った。

利用者の障害の程度、状況はさまざまで、その人その人に応じた支援をしなければならない。限られた人数で、それを実現するために、現場の職員は最大限、頑張っている。私は激しく、心を揺さぶられた。そして、それがその後の私の判断に大きな影響を与えることになった。

事件現場からの笑い声

施設内全体を視察した後、事件現場となった寮の利用者が移動して、支援を受けている体育館に向かった。あれだけの凶行が行なわれた中で生き延びることができた人たちである。今、どんな思いで過ごしているのか、事件の後遺症のようなものはないのか。知りたいことは山ほどあるが、私はいったいどんな表情でその現場に入ればいいのか、そこでどうやって利用者に声をかければいいのか。いろいろ考えたが、答えを見いだせないまま、体育館に入った。

しかし、そこで私はさらなる衝撃を受けた。なんと、そこには楽しげな笑い声があふれていたのである。事件現場の血だらけの廊下と階段を延々と歩いてきて、呼吸困難になるほどの重苦しい思いを抱えていた私には全く想定できなかった状況がそこにはあった。

体育館はこれまで災害現場で何度も視察した避難所のような設《しつら》えになっていた。

それぞれ自分の居室には戻れないために、利用者はまさにここに〝避難〟して生活していたのだった。

うつろな目でじっとうずくまっている人、どこに行くでもなく体育館の中をただひたすら歩き回っている人、職員から大きな声で話しかけられて作業をしている人など、さまざまだった。

中には植松死刑囚に直接、刺されたという利用者もいた。重傷を負ったものの、一命を取り留め、つい先日、入院先から戻ってきたばかりだという。大きな傷痕が痛々しかったが、まさに事件そのものが生々しくそこに残っていた。

それなのに、そんな事件などなかったかのように、利用者に大きな声で笑って接していたのは職員だった。こんな状況で笑う？　そもそもこの場所で笑えるのか？

我々は、あの凄惨な事件現場となった施設の中だということが分かった上で視察をしているが、少なくとも、そういう情報を知らないままこの現場に来た人は、特別に変わった施設だと思わなかったに違いない。笑っている職員は語った。

「あえて、私たちは〝普通〟にしているんです。利用者のみなさんに事件のことを思い出させないようにするため、私たちはできるだけこれまでと変わらない支援を心がけているんです。やはり、みなさんは大きな衝撃を受けていますから。ふとしたことから、事件のことを思い出し、怯えだしたりするんです」

彼らは〝普通〟を作り出すために、あえて普通でない努力を重ねているのだった。傍《はた》から見れば不謹慎な〝笑い〟こそ、ここでは無理をしてでも作り出す必要があったのである。

職員の中には、植松死刑囚に引き回されたあげく、柱に結束バンドで括りつけられ、目の前で利用者が惨殺される様を一部始終、見せられた人もいた。その恐怖感は想像を絶する。

この時点では、まだ、直接事件を体験した職員たちは現場復帰できてはいなかった。しかし、残された職員はそんな同僚の穴を埋めるべく働かなければならなかった。そんな過酷な状況の中で、〝普通〟を作り出すのは、並大抵のことではなかったに違いない。

「私たちは今、正直言って、いっぱいいっぱいです。事件があったからといって、利用者の皆さんへの支援を中断できるわけではありません。日常はそのまま、途切れることなく、続いていますからね。

私たちには悲しんでいる余裕さえありませんでした。でも、自分が無理に無理を重ねてやってきたということが、最近になって自分でもよく分かるようになりました。このまま、私たちだけではとても持たない、ギリギリのところに来ていると思います」

現場の生の声を直接聞くことがいかに大事か、私は改めて痛感していた。県としてすぐにできることは何か。私はその場で職員の心のケアが喫緊の課題であると考え、万全の対策を取ることを約束した。

現場にこそ真実があるはずだった

視察を終えて、理事長、園長、職員、家族会の皆さんと意見交換を行なった。

私は家族会の皆さんに、改めて、県立施設でこのような大惨事が起きてしまったことを詫びた。警察の捜査が終わったことから、犯行現場の清掃が業者によって行なわれることになるが、私の関心事はその後のことだった。今後、この施設をどのようにしていくべきなのか、再生に向けて何が必要なのか、現場の声に耳を傾けた。

「あれだけの事件があり、生々しい記憶の残るあの現場をキレイに清掃したとして、職員の皆さんは同じ現場で24時間の支援がこれまで通り続けられますか？」

率直な思いを私は口にした。それは本来、私から切り出すべき話ではなかったかもしれない。職員から、前向きな答えが返ってくることはとても想像できない質問だったからである。

私があえてそんな質問をしたのは、常日頃、県庁職員に業務でのスピード感を求めてきた立場上、ここは自らが速断しなければならないと思ったからであった。

「とても無理だと思います。改修していただいたとしても、それは難しいです。我々の仕事は24時間体制で、夜勤もありますから、自信がありません。お金がかかるとは思いますが、できれば全面的に建て替えていただければ有難いです」

　家族会の大月会長からも発言があった。

「職員の皆さんは本当によくやってくれています。皆さんにこれからも支援をお願いしていかなければならない中で、今日ご覧になった現場で、そのまま仕事を続けて下さいとはなかなか言いづらいです。全面的に建て替えていただけると助かります」

　かながわ共同会の理事長も次のように発言した。

「あの事件以来、親や家族から、あんな施設で働くのは止めなさいと言われている職員が何人かいます。でも、こんな時だからこそ、私たちが踏ん張って、頑張らなければならないと声をかけあって、みんな働き続けているんです。辞めた職員は一人もいません」

　私はそれぞれの立場の生の声を受け、エモーショナルに突き動かされていた。とりわけ、職員たちの献身的な頑張りぶりに心を打たれた。

「現場にこそ真実がある」

それは私がキャスター時代から一貫して大事にしてきた言葉だ。現場に足を運び、自分自身が直接、見て、聞いて、その場の空気に触れて得た感触こそが真実に近いものであると確信してきた。それは知事になってからも同じ姿勢を貫いてきたつもりであった。だからこそ、この現場で感じたものは私にとっては絶対であった。

しかし、今から振り返ると、この感触がその後の流れに大きな影響を与えすぎてしまったと言わざるをえない。

極限状況の現場で頑張り続けている職員たちの姿に感動したことから、私は彼らを過剰に美化してしまったようだ。そして、彼らの思いに応えたいというのが、政策判断の柱になってしまった。この目で見た職員たちの超人的な頑張り、そして、家族会の強い要望が私を駆り立てていた。

視察を終えて、記者からのインタビューに私は答えた。

「改修、全面建て替えも含めて早急に検討します」

1か月後の9月12日、かながわ共同会と家族会が来庁され、「津久井の地での建て替え」と「建て替えまでの間の安定した生活環境の早期整備」を柱とした共同要望書を受け取った。そこから、県は本格的な検討を開始することとなった。

　そして、わずか11日後の9月23日、私は県庁内で「津久井やまゆり園事件再発防止対策・再生本部会議」を開き、現地での全面建て替えの方針を打ち出した。その時点で総工費60億～80億円を見積り、ただちにその一部の補正予算案を追加提出することを決めた。

　記者から、「多方面からの意見を聞いてから、決めるということは考えないのか？」と聞かれたが、その時の私には他の意見があることすら想像できなかった。何よりも園の再生を急がなければならない、スピード感が大事との思いが強かった。

「再生のシンボルとなるような、理不尽な事件に屈しない強いメッセージを発信していく機会にしたい」と強調した。家族会の大月会長は私の素早い決断に涙を流して喜んでくれた。それこそ、スピード感を重視する黒岩県政の真骨頂と私は確信し、そんな流れが一気に出来上がったことに若干、自己陶酔していた。

その時は、まさか数か月後、時代錯誤の福祉を進める知事として、批判の矢面《やおも て》に立たされる日がやってくるなどとは想像もできなかった。

批判の嵐に晒されて

年が明けて、２０１７年1月10日、障害者関係団体や有識者の意見を聴く公聴会が開かれた。私が全面建て替えの方針を打ち出して3か月半が経過していたが、それまで私の耳には全く届かなかった声が、一気に噴き出す場となった。

「施設をどうするのかを決める再生基本構想を巡る県の姿勢は性急過ぎるし、説明不十分。方針の白紙撤回の考えを示してほしい。定員１６０人の施設を再び造るというのは、地域移行を目指す社会の流れに合ったものか」

「健常者が事件現場に家を建て替えて住むかと聞かれたら、多分住まないと思う。それが障害者の場合、疑問も持たれずに施設が造られてしまうのはおかしい。家族会や指定管理者の法人の意向で建て替えという話になっていると聞いたが、当事者の声を聞いてほしい。親の思う幸せと、当事者の思う幸せは違う。建て替えは拙速だ。重度障害者は言葉でやりとりできない方が多い。どうしたら自分らしく生きられるかを、時間をかけて聞き取らないと本当のニーズは出てこない。事件に屈しないシンボルにすると強調しているが、そのために建て替えるというのは納得いかない。議論の進め方が早すぎる」

「福祉理念の変化や地域福祉サービスの充実、今後の人口減少を考慮すれば、大規模収容型の再建は適切ではない。形だけ小さくしてグループホーム型にすればいいということでもなく、人権に配慮した職員体制が必要だ。家族の意向イコール本人の意向とは限らない。本人の意思がどうなのか、本当にあの場所に戻りたいのか。選択肢がなければ、答えられないのではないか」

「建て替えありきではなく、事件をきっかけに障害者への理解をどう深めるかというのが重要なポイントだ。これからは地域で生活するのが基本であり、事件をきっかけに地域とどう共生していくかを考えることが大切。8～10人規模のグループホームならば数多く作っても、やまゆり園建て替え費用ほどの予算は掛からない。地域との交流を深め、障害者への理解を深めることにもつながる」
一つ一つの意見はもっともなことだ。しかし、どうして今頃になって、急にそういう話が出てくるのか？　少なくとも、私が全面建て替えの方針を打ち出した直後にはそういう声は上がっていなかった。もし、そんな声が耳に届いていたら、その時点で立ち止まっていろんな意見に耳を傾けようとしたに違いない。あの時、私に届いていたのは素早い決断に対する感謝の声ばかりだった。それが3か月半後に、なぜ一転、私は叩かれることになったのか。その時の私には全く理解できなかった。

　私はあれだけの事件が起きた現場なのだから、できるだけ早く原状回復することが我々にとって最大の使命だと思っていた。何よりもスピードが求められる案件だというのが私の認識だった。

　そのため、「議論の進め方が早すぎる」「拙速だ」と言われるのは、覚悟の上だった。しかし、私の判断そのものが間違っていたように言われるのは納得がいかなかった。記者からの問いかけに対しても次のように答えた。

「現場でギリギリの状況で頑張っている職員、それと家族会からの強い意向を受けて、急いで原状回復をしようとすることが、いけないことのように言われるのは非常に心外です」

そう答えると同時に私自身の腹は決まっていた。

白紙撤回をするのか？

現地での全面建て替えなどというのは、そもそも莫大な予算の掛かる話である。通常であれば、現場からの強い要望を受け、さまざまな検討を経て、総合的に判断してようやく決まる話である。恒常的に厳しい財政状況にある県としては、簡単に決められる話ではない。

しかし、そこを私が強引に踏み切ったのである。あまりにも残虐で、衝撃的な事件であったにも拘《かかわ》らず、その現場を離れることができない関係者の皆さんにとって最善だと思って出した結論だった。

それなのに、福祉関係の識者たちから時代錯誤と罵られ、悪者扱いされるのはまさに「心外」だった。だったら、議論を白紙に戻してやり直そうではないか、私は早々に方針転換の腹を決めていた。

ところが、そんな私の思いを全く踏みにじる出鱈目《でたらめ》な見出しが紙面に躍った。私は自分もマスコミにいた人間であるから、何を書かれてもいっさい、それに対してコメントすることは差し控えてきた。自分が知事である以上、報道の自由を守るためには、そうした行為は控えなければならないと自分自身に言い聞かせてきた。しかし、この記事だけは事実認定そのものが違う、まさにフェイクニュースだった。

それは私の「心外」発言を問題視したものであった。「心外発言が波紋」と題したその記事で、記者は「心外」という言葉を「県民らの声を反映させるために県自ら開いた公聴会で出た意見を軽視する発言だった」と決めつけた。そして、「『心外』発言は、対話の回路を閉じかねない強い言葉だった」と批判した。

私は「心外」だから、議論を白紙に戻してやり直そうとしたのである。県民の声を重視し、対話の回路を閉じないからこその決断だった。
しかし、この記者は、「心外」という言葉を自分勝手に解釈し、「心外」だから、みんなの声を突っぱねようとしていると思い込んだのであった。その解釈こそ、私にとって最大の「心外」だった。

知事が、一度、自ら決めた方針を自分で撤回し、議論をやり直すというのはみっともない話である。そんなことは絶対にあり得ないと記者が思い込んでいたとしても仕方がないかもしれない。しかし、私には自分のみっともなさを露呈させることに対して、特に躊躇《ちゅうちょ》する気はなかった。これだけ大きな事業であることから、できるだけ多くのみなさんの賛同を得て、進めていく方がいいと正直、思っていた。

ただ、全面建て替え方針を打ち出した時に、大喜びしてくれた家族会の大月会長には申し訳ない思いでいっぱいだった。後日、お目にかかった際、自分の気持ちを率直にお伝えしたところ、大月会長は私の立場にも十分な理解を示して下さった。それは私にとって唯一の救いであった。

私は、記者から「白紙撤回か？」と聞かれた時に、「白紙撤回ではなく、議論をやり直そうということだ」と答えていた。本当は「白紙撤回」と言ってもよかったのだが、大月会長のことが頭に浮かび、言葉を選んだのだった。それが記者の誤解を生むことにもつながったのかもしれない。

安倍政権時の森友学園問題をきっかけに、「忖度《そんたく》」という言葉が流行《はや》り、２０１７年の流行語大賞に選ばれたことがあった。忖度とはそもそもは「相手の気持ちを思いやる」という意味で、悪い言葉ではないが、流行語となった「忖度」は「過剰に配慮して勝手な解釈で対応する」というような意味として、一般化した。実は今回の件で、私自身も、県庁幹部の忖度に直面することとなった。

それも県庁職員の中でも飛び切り優秀な幹部職員が私に対して「忖度」していたのだった。私が「全面建て替えの方針の再検討」と打ち出したにも拘らず、彼は再検討した結果として、当初の方針どおり再び「全面建て替え」と打ち出すに違いないと思い込んでいたのだ。私が、「白紙撤回」と言わなかったことが、彼の確信を強めたのかもしれなかった。

私の本心を聞いた時の彼の驚いた顔を忘れることはできない。それは県庁職員の常識からすれば、絶対にありえない話だったのだろう。むしろ、彼は「知事の方針転換」という事態をなんとかして回避しようとすることこそ、県庁職員としての自らの職務だと信じていたに違いない。そういう思考の人物だからこそ、私は彼を県庁職員の中でも最も優秀な職員として常日頃、評価していたのである。

再生の象徴が完成

２月、全面建て替え方針の再検討のために、神奈川県障害者施策審議会に「津久井やまゆり園再生基本構想策定に関する部会」を設置し、まさに白紙からの議論を進めていただいた。第三者による検討であるから、我々としてはその結果を待つしかない。

しかし、私が心配したのは、部会のメンバーが第三者であるにも拘らず、妙に私に忖度し、「再検討した結果、やはり全面建て替えがふさわしい」という結論に持っていくことが自分たちの使命だと思い込んでしまうことだった。そういう思い込みをしないで、自由な議論を行なっていただける環境作りを徹底してやるように、私は担当職員に強く指示した。

半年後の8月、私は検討結果報告書を受け取った。そこでは全面建て替え方針は完全に撤回されていた。自分の方針を完全否定された報告書であったにも拘らず、私はホッと胸をなでおろしていた。

もし、その報告書の中で、「全面建て替えが必要」とされていたなら、「当局が圧力をかけて結果を誘導した」と、マスコミが書き立てるに違いなかった。私を批判したくだんの「心外」発言記事も、「やっぱりそうだったんだ」と、むしろ評価される論評になっただろう。

報告書では、もともと津久井やまゆり園のあった相模原市緑区千木良《ちぎら》と、仮移転先である横浜市港南区芹《せり》が谷《や》に分けて、二つの施設を作ることが提言されていた。この報告書に基づき、いずれも、

・定員66人ずつの二つの施設を建てること。

・従来型の大規模施設ではなく、部屋はすべて個室で、11人ごとのユニットにすること。
・終《つい》の棲家ではなく、あくまで地域移行を前提とした施設であること。
などの方針で設計が行なわれ、工事も順調に進んだ。

それから４年後の２０２１年７月４日、生まれ変わった津久井やまゆり園の開所式が行なわれた。これまでのいわゆる大型施設とは全く趣が異なり、コテージのような作りでプライバシーにも十分配慮した家庭的な雰囲気にあふれた建物になっていた。大月会長も「考えられる中では最高の環境」と絶賛して下さった。４か月半後の11月16日、芹が谷やまゆり園も完成した。

利用者の皆さんがどちらに住みたいか、またはグループホームなどに移りたいか、一人一人の意思を丁寧に確認する意思決定支援が行なわれた。これは厚生労働省のガイドラインに基づく全国初の取り組みであった。途中、人数が一方に偏ったらどうするのかと記者から何度も繰り返し聞かれたが、結果的には大きな混乱もなく、再スタートを切ることができた。

知事がいったん打ち出した方針を全面撤回するという異例の展開ではあったが、議論を一からやり直し、さまざまな意見を集約した上で、まさに時代の流れに沿った理想的な施設が出来上がったのである。私はこの一連の流れで、津久井やまゆり園事件からの再生は着実に前進すると確信していた。二つの施設が完成したことで、一段落するものとばかり思っていた。

しかし、それは私の勝手な思い込みに過ぎなかった。私には障害福祉の世界の表面的なことしか見えていなかった。建物がどんなに美しく生まれ変わっても、それは真の再生とは全く無関係と言わざるをえないような現実が次々と明らかになってきた。

2
独断に
批判一色

不適切な支援と衝撃の映像

「小６女児に強制性交の疑い　愛名《あいな》やまゆり園元園長を逮捕」

津久井やまゆり園事件から３年後の２０１９年10月、津久井やまゆり園と同じ指定管理者のかながわ共同会の理事でもある元園長が起こした事件のニュースが与えた衝撃ははかり知れないものであった。障害福祉に携わる人というのは、自ら弱い立場の人間に寄り添おうとする心根の優しい人物が多いと思っている人も少なくないだろう。だからこそ、元職員であった植松死刑囚の起こした事件に日本中が騒然となったのではなかったか。

二つのあり得ない事件が、同じかながわ共同会管理下で起きたという事実は、たまたまということで済ませられるのだろうか？　事件の源がどうつながっているかは分からないが、無視しえないものと思わざるをえなかった。目に見えない巨大な闇が背後に横たわっているような不気味さを私は感じていた。

実は、この事件が起きる前から、私の元へはかながわ共同会の支援について、さまざまな方面からよくない話が聞こえてきていた。「車椅子やベッドにずっと縛り付けられたり、外から鍵をかけた部屋に閉じ込められている人がいる」「全身痣《あざ》だらけの利用者がいた」「日中に外へ作業に行くのは週に1回程度しかなく、ほとんど施設の中で過ごしている」など、日常的に不適切な支援が行なわれているというのである。

「夜は強い睡眠薬を飲まされていたから、植松は19人もの人間を一人で殺害することができたんですよ」と私に解説してくれる識者もいた。

しかし、その時の私は２０１７年10月にまとめられた「津久井やまゆり園再生基本構想」を実現することが、園の再生に向けて自分のなすべき最大の使命だと思っていた。つまり、地域移行を前提とした小規模分散型の新しい二つの施設に建て替えるということである。その構想の中には意思決定支援についての言及はあったが、支援の在り方そのものを問題視する指摘はなかった。それゆえ、私には支援の在り方の検証と改革にまで目を向ける余裕はなかった。

「年が明けると、植松の裁判が始まります。そうなると、かながわ共同会でこれまで行なわれていた問題ある支援の実態が次々に明らかになってくるにちがいありません。だから、その前に県自らが動かないとたいへんなことになりますよ」

真摯にそうアドバイスしてくれる友人もいた。現に、のちの裁判で、植松は津久井やまゆり園の職員のことを、

「口調が命令的。人に接する時の口調じゃなかった」

「(利用者を)人として扱っていないと思った」

「食事は流動食で、職員は流し込むというような状況。人の食事というよりは流し込むだけの作業に見えた」

と証言している。まさにかながわ共同会の支援の在り方に重大な問題があったことが明らかになり、友人の指摘通りになったのであった。

しかし、今度は、私はなかなか方針を転換することができなかった。私に決断をためらわせたのは、あの血だらけの事件現場にも拘らず、笑い声があふれる支援を継続していた職員たちの姿だった。私の目に崇高な姿として印象付けられた彼らと各方面から耳にする〝虐待〟という言葉が、頭の中でどうしても結びつか

なかった。

　ジャーナリズムの世界に長く身を置いてきた私にとって、自分の目で直接見たという体験は何よりも大きかった。今になって思えば、目に見えないことへの想像力をもっと働かせるべきだった。自分の目で見たことが逆に真実を見えなくしてしまうこともあるのだと私に教えてくれたのはＮＨＫの番組だった。津久井やまゆり園に入所していた時には、車椅子に長時間、縛り付けられていて、全く笑顔のなかった松田智子さんが、「てらん広場」という別の施設に移った後は、街に出て笑顔でみんなと一緒に働いている姿を描き出したドキュメンタリーだった。

　映像の力は圧倒的だった。私の元へ届いていた情報はただの噂ではなかったと思わざるを得なかった。かながわ共同会の支援の在り方に根本的にメスを入れなければならない、そう確信した。それでは今、何をどうすべきなのか。

　かながわ共同会の指定管理は5年後の２０２４年度末までとなっていた。支援の在り方に大きな問題があったことがこんなにも浮き彫りになってきているのに、あと5年間も今のまま、指定管理を継続しなければならない。それでいいのか？

それは仕方ないことなのか？

私はかながわ共同会の支援の在り方をまずは検証し、なんとしてもその実態を明らかにしなければいけない、今はそれが最優先課題ではないかと思った。その上で、指定管理を継続するかどうかを決めるべきではないのか。

そのためには現状を強引にでも止めなければならない。どう考えても、私自らによる〝強制終了〟しかなかった。

そのタイミングを計っていた時に起きたのが、愛名やまゆり園の元園長逮捕だった。私はあえてこの事件を、流れを変えるきっかけにしようと決めた。

独断での強制終了

２０１９年12月５日、神奈川県議会本会議の場で、私は特別に発言の機会を求めた。

神奈川県の議員定数は１０５名、全国では東京都に次ぐ2番目の数である。この日は本会議での質問最終日に当たったが、質問日に知事が発言の機会を求めること自体、異例のことであった。私は議長の許可を得て、演壇に登った。議会側に発言内容の詳細を伝えていなかったためか、議員からの鋭い視線を感じていた。いったい何を言い出す気なのかという無言の圧力がひしひしと伝わってきた。そんな重苦しい緊張感が議場を包み込む中、私は発言した。

「私から津久井やまゆり園の再生後の指定管理について、申し述べさせていただきます。（中略）先日、かながわ共同会が指定管理する愛名やまゆり園の元園長が、子供に対する強制性交罪で逮捕されるという、県民の信頼を裏切る、許しがたい事件を起こしました。この元園長はかながわ共同会の理事でもありました。社会福祉法人として、人権を尊重し、すべての人の尊厳を守るべき立場にある、かながわ共同会の道義的責任は看過できません。

その後、この事件に端を発して、かつての津久井やまゆり園の利用者支援に関し、車椅子に長時間拘束していた、園の外に出ての散歩がほとんどなかったなど、問題点を厳しく指摘する情報が、改めて次々と私の元に寄せられてきました。（中

略）

加えて、何より、私が衝撃を受けたのは、利用者の意思決定支援を進める中で、かながわ共同会からグループホームや他の法人の施設に移った方々が、自由に買い物をしたり、地域の自治会の活動に参加するなど、生活を楽しみ、希望に満ち溢れた表情で、その人らしく暮らす姿を見たことでした。

それは、感動的なシーンでもありました。

私たちは、津久井やまゆり園の再生によって、神奈川の新しい障害福祉の在り方をお示ししていく必要があると考えています。そのためには、その運営は、人権を尊重し、利用者中心の支援を実現するものでなければなりません。

そこで、新たな『津久井やまゆり園』と『（仮称）芹が谷やまゆり園』が、ご利用者、ご家族はもとより、県民の皆様からの信頼を得て再スタートできるよう、これまでの方針を見直し、いずれの施設についても、指定管理者を公募で選定する方針に変更することを決断しました。

そのためには、２０２４年度まで継続している、元の津久井やまゆり園の指定期間を短縮するため、『津久井やまゆり園の管理に関する基本協定書』に基づき、かながわ共同会に協議を申し入れていく必要があります。これまでの県の方針を変更することを決断した以上、より早く皆様にお伝えするため、本日こうした形で発言しました。津久井やまゆり園のご利用者、またそのご家族には、方針の変更についてご理解いただけますよう、私から丁寧に説明させていただきます。何よりも、ご利用者の皆様が望む暮らしを実現できるよう、お一人お一人のご希望を丁寧に伺いながら、心を込めて対応してまいります。（中略）

３年半前のつらい事件から始まった、再生のプロセスを通じて、これまでの福祉行政全般を見直し、新しい福祉の在り方を神奈川から提起していきたい。そして、『福祉先進県かながわ』と呼ばれるように、県民の皆様とともに、力を合わせて全力を注いでいきたい。そのために、重大な決断をさせていただいたもので、ぜひ、ご理解をいただきたいと思います」

県議会にとっては唐突な方針変更宣言だった。「知事独断での強制終了」と言われても仕方なかった。しかし、それは覚悟の上の決断だった。ある程度、予想はしていたが、県議会の反発は想像をはるかに超える激しいものであった。会派を超えて議会は知事批判一色となった。

かながわ共同会の指定管理は期間も含め、県議会での議決を経たものであり、それを知事がいきなり勝手に方針を見直すなんて、言語道断だと激しい攻撃を受けたのだった。知事就任以来、これまでの2期8年間、議会との関係はおおむね良好だっただけに、私にとっては初めての試練でもあった。しかし、これ以外の選択肢はなかった。もはや、引き返すことはできなかった。ここからの私は文字通りの四面楚歌、まさに茨の道だった。

元入所者への謝罪

議会で表明したかながわ共同会の指定管理に関する方針の見直しについて、私自身が津久井やまゆり園芹が谷園舎（津久井やまゆり園の仮移転先）に行って家族会や共同会の職員の皆さんにも説明する必要があった。ただ、その前に、私は津久井やまゆり園から横浜市保土ヶ谷《ほどがや》区にある社会福祉法人同愛会が運営する「てらん広場」に移って、劇的に状況が変わったという3人に直接、会いに行くことにした。私から直接謝罪をしたいし、実際にこの目で彼らの変化を確認したかった。

「てらん広場」には、以前にも視察に行ったことがあったが、昼間、施設には誰もいなかったことを印象深く覚えていた。津久井やまゆり園は外に出かけての日中活動が少なく、利用者は施設内に終日いることが多いという指摘があったが、「てらん広場」はまさにその逆だった。必ず、施設から出てわざわざ別の作業場に行くことを日課にしていた。

「てらん広場」の大川貴志統括所長は語る。

「とにかく施設から、外へ出るということが大事なんです。皆さんには毎日、住んでいる施設から数百メートル離れた日中活動の作業場所まで歩いて通ってもらっています。施設の中にずっといたら、地域社会との接点はなくなります。私たちの施設はずっと暮らしていただくところではなくて、地域での生活に移行していただく準備のための施設なんです。ですから、施設にいる間から、地域社会と関わっていく必要があります。一歩、施設を出たら、自然と地域の皆さんとの触れ合いも生まれますよね。『おはよう』『今日は元気？』『頑張っているね』など、地域の人から声をかけられると、みんな嬉しくなるんです。それが、地域で普通に暮らすということですからね」

私がまず最初にお会いしたのは、ＮＨＫの番組でも取り上げられていた松田智子さんだった。番組では松田さんはみんなと一緒にリヤカーを引いて近所の団地を回り、高齢者のゴミ出しのお手伝いをしていた。高齢者にとって、階段を下りて、ゴミを1階のゴミ置き場に持っていくことは大きな負担になっていた。それを代行してさしあげようというのである。

当然、高齢者からは感謝の声がかけられる。それが松田さんたちにとっては嬉しくてならない様子だった。彼女は言葉を発することは得意ではないが、満面に笑みを浮かべながら、まさにいきいきと働いていたのである。

津久井やまゆり園に入所していた頃の松田さんは歩行中に転倒してケガをした

ことをきっかけに、危険だからという理由で、一日8〜11時間も、車椅子にY字形のベルトで拘束されていた。その頃の彼女には全く笑顔はなく、生気も失せて、ずっとふさぎ込んでいたという。彼女の劇的な表情の変化がすべてを物語っていた。

松田さんは母親と一緒に部屋で待っていてくれた。部屋に入った私は母親ではなく、まっすぐに松田さん本人の元へ歩み寄った。通常ならば、まずは母親にご挨拶をし、そこで一連の話を始めて、一段落してから松田さんに話しかけることになっただろう。それでは松田さん本人を第一に考えていることにはならない。松田さんの目線に立てば、まずは松田さん本人に話しかけるべきというのが大川さんからのアドバイスであった。私はそれに忠実に従っていたのであった。

知的障害当事者と直接、接して語り合う。それは私にとっても初めての経験であった。急に混乱して、パニックを起こされるかもしれない。どんな展開になるか、予測もできない状況だった。しかし、ここまで来た以上、前に進むしかない。私は彼女の隣に座り、あえて、その肩に手を置きながら、語りかけた。

「いい笑顔をしてますね。今は、お仕事をしてて楽しいですか。テレビでも見ましたよ。とってもいい笑顔で、いきいきとお仕事している様子が伝わってきて、素晴らしかったですよ。でも、これまで嫌な思いをさせてごめんなさいね。もっと早く気づいてあげればよかったんだけどね。ごめんね。ごめんなさいね」

　松田さんはじっと静かに聴いていた。しかし、その時点で私の言っていることが伝わっているのかどうか、私には分からなかった。しばらく松田さんに直接、語りかけ続けた上で、今度は母親に話を向けた。母親は娘にこんな大きな変化が起きるなんて信じられないと、これまでのことについて縷々《るる》、語ってくれた。以前は言葉を発したり、絵を描いたり、名前を書いたりすることもできたのだという。それが津久井やまゆり園にいる間にできなくなっていったのだそうだ。

　それは、母親の口から「津久井やまゆり園」という言葉が出た瞬間だった。松田さんはいきなり立ち上がって、部屋を出ていこうとしたのだった。それは明らかな拒絶反応だった。

「いやいや、大丈夫。大丈夫。やっぱり嫌な思いをいっぱいしていたんだね。ごめんね、ごめんね。もう大丈夫だからね」

私がそう言葉をかけると、再び穏やかな表情になり、隣に座ってくれた。私は確信した。彼女には私の言うことがちゃんと伝わっている。うまく言葉で表現できないだけであって、絶対に理解している。

同席していた大川さんから後で聞いた話だが、松田さんは本来は男の人が苦手だという。ところが私が彼女の肩に手を置いているのに、本人が嫌な顔一つせず、その手を払いのけようともしないことに彼はたいへん驚いたのだそうだ。

「じゃあ、これで帰りますね。今日は会えてよかった。ありがとうね」

そう言って、立ち上がり、その場を離れようとしたところ、なんと、彼女も立ち上がって私の後についてくるではないか。

「えっ！　見送ってくれるの？　驚いたなあ。嬉しいな。じゃあ、ここでね」

私は玄関で靴を履いた。すると、彼女も靴を履いて、公用車までついてきたのである。そして、窓越しにずっと私を見つめ、見送ってくれたのであった。それは衝撃的な体験であった。私の障害福祉に対する思いが劇的に変わった瞬間でもあった。私自身の中である種の革命とも言うべき変化が起きたと言っても過言ではない。

　正直に言うと、津久井やまゆり園を初めて視察した時、大勢の重度の知的障害の人たちがうつろな表情で歩き回っていたり、立ち尽くしたりしている姿を見て、この人たちとしっかりコミュニケーションを取れる自信は全く持てなかった。だからこそ、利用者と自然な形で接している職員のことをすごいと思い込んでしまったのだった。

　植松が言った「意思疎通のできない人間は生きてる意味がない」という言葉。彼の基準でいけば、松田さんはそういう人間と判断されたかもしれない。しかし、松田さんと私は今、しっかりと意思疎通ができた。改めて、植松の言葉への激しい怒りがわいてきた。

退所後の激変

「てらん広場」で、あと二人、私が直接、謝罪した津久井やまゆり園の元入所者がいた。吉田壱成さんと平野和己さんである。二人とも芹が谷やまゆり園では最も重度の障害者が入るとされる６寮に入所していた。

その寮は親の立ち入りさえ許されない場所で、私が最初に視察に行った時にはその寮の存在すら説明されることはなかった。６寮の入り口自体が施錠され、それぞれの部屋も外から鍵がかけられて、中からは開けられない状態になっていた。親が面会に行っても、職員は普段の状況を伝えようとしなかったため、どのように過ごしているのか全く分からなかったという。

また、２０１８年に病院で撮影された吉田さんの写真では、足の付け根からつま先まで広範囲にわたり、青痣があり、腫れあがっていた。職員は「転んだか、他の利用者に踏みつけられた可能性がある」と説明したが、母親にはとても納得できるものではなかったという。

吉田さんはその２年前にも園の中で足を骨折したことがあったが、その時も原因は分からないままだった。しかも、園から家族に向けた手紙によると、６寮では当時20日間で入所者のケガが5件あり、うち1件は骨折だったという。利用者同士のトラブルだった可能性も否定できないため、職員による虐待とは断定できないが、なにか異常な事態が生じていたと見るのが自然だろう。

母親が吉田さんに会う時は、頭はいつもフケだらけで、おしっこの臭いがしたそうだ。本人は話すのが不得手なため、自ら訴えることはしなかったが、自宅で過ごして園に戻ろうとすると、しばしば嫌がっていたという。

その後、虐待通報を受けたA市は、いったん、「現段階では職員による虐待の事実は確認できない」としたが、当時、「てらん広場」に移っていた吉田さんに面会した上で、園に対して、「支援方法として適切でない部分があったと言わざるをえない」と、改善指導を行なった。

一方、平野さんは津久井やまゆり園での事件後、一時、多くの利用者と一緒に体育館で過ごしていたが、寝るのが遅く、夜中にも体育館内を歩き回るため、迷惑だからと他の施設に移された。しかし、そこはさらにひどい状況で、いっさい、散歩も外出も認められなかったという。

そこで、再び芹が谷園舎に戻ったが、6寮でしばしばパニックを起こし、園の屋根に上って、飛び降りそうになったこともあったそうだ。暴れて危険だからという理由で、長時間、居室施錠されていた。

平野さんの父親が面会に行くと、やはり吉田さんと同じように、衣類も含めて、全身におしっこの臭いが染みついていたそうだ。職員に原因を聞いても、まともな答えは返ってこなかったという。

実際に現場を見た人からの情報によると、部屋の中にポータブルトイレが置いてあったり、中にはバケツしかなかった部屋もあったとのことだった。つまり、利用者はバケツで排便・排尿をしていたということになる。おしっこの臭いが染みついていたという証言と符合する。このように、不適切な支援の状況証拠は揃っているように見えたが、県庁の担当者も含めて、誰も調査しようとしていなかった。

私は吉田さんと平野さんの二人が作業をしている就労継続支援B型のリプラスという作業所に案内された。スーパーから廃棄されるプラスチックゴミ、発泡スチロール製容器を食品トレー用に再生するリサイクル事業だった。

私が最初に我が目を疑ったのは、平野さんの働きぶりだった。魚が入っていた発泡スチロールの箱の外側に貼られたシールを大きな包丁を使って剝がしていたのである。その手つきは職人芸と言ってもいいほど丁寧で的確だった。

やまゆり園ではパニックを起こし、暴れまわったという平野さんが、今、私の目の前で、大きな包丁を自在に操り、発泡スチロールの箱の表面に貼られたシールを次々と剝がしていく。顔は充実感にあふれていた。

シールを剝がした発泡スチロールを処理機械に運ぶのが、吉田さんの仕事だった。彼もニコニコと穏やかな笑みを浮かべながら、テキパキと熱心に働いていた。私は奇跡を見ているような気持ちになっていた。

その後、別室に移動して、二人に向き合うことになった。そこには平野さんの父親も同席していた。平野さんの父親は以前から、平野さんへの津久井やまゆり園の支援に疑問を持ち、その問題点を指摘し続けてきた人だった。

松田さんの時と同じように、私はまずは二人に直接話しかけた。平野さんに対して、

「今日は謝りに来ました。嫌な思いをさせてごめんね。僕ら責任あるから。君の本当の気持ちに寄り添えなかったから。あなたの仕事ぶり、見せてもらいました。すごいねぇ。シールをどんどん剝がしていましたね。ビックリしました。カッコよかったですよ」

　吉田さんに対しては、

「津久井やまゆり園でつらい思いをさせちゃった。本当にごめんなさい。あの時のあなたの気持ち、よく分からなかった。反省しています。あなたがニコニコしながら働いているのを見せてもらいました。テキパキと仕事をされているのを見て、感心しましたよ」と語りかけた。

　二人とも言葉を発することはなかったが、穏やかな表情で、ニコニコと笑みを浮かべながら、私の言葉にしっかりと耳を傾けてくれていた。

　平野さんの父親は津久井やまゆり園で日中活動がほとんどされていなかったことを問題視していた。やまゆり園のパンフレットには9時から15時半まで作業所に行って日中活動をすると書かれているのに、支援記録を見ると、行くのは週に

１回程度で、あとはずっとホームに閉じこめられていたというのである。

また、平野さんの父親は月刊誌「創《つくる》」（２０２０年10月号）の座談会の中でも次のように語っていた。

「それこそ、やまゆり園にいた頃と比べると１８０度変わりましたよね。（中略）今の施設だと朝９時から17時までビッシリ仕事する。日中作業というよりも、普通の『仕事』でしょう。しかも、うちの子よりはるかに重い人でも、普通に働いていていてビックリしちゃいますよね。

私も最初は『うちの子にそんな作業ができるんだろうか』と疑ったんです。ところが１年半以上、しかも生き生きと働いている。自分が仕事を任されている、必要とされているという充足感なのか。その中で、徐々に社会性が身についてきたというのが一番大きいですよね」

松田さん、吉田さん、平野さん３人の激変ぶりを確認できたことで、私は自分の方針転換が絶対に間違っていないことを確信した。その上で、芹が谷園舎での説明会に臨んだ。

3
虐待と議会の反発

約束の表明

議会での表明から9日後の2019年12月14日、仮移転先の芹が谷園舎の体育館で開かれた説明会には利用者60人を含む家族会、職員など170人が出席していた。会場の前方に利用者、その後ろが家族、職員は一番後ろに座ってもらうようにした。そして、私はまずは利用者の方達に向かって語りかけた。

「ひとつは私は皆さんに謝りたいと思ってやってきました。申し訳ございません。もうひとつはこれからのこと、絶対に心配しないで下さい、ということを申し上げたくて来ました。

皆さんのために、みんなで頑張ろうと、職員の人もみんな一生懸命やってきました。それは間違いないです。でも、〝皆さんのために〟という考え方と、〝皆さんの気持ちになって〟という考え方は必ずしも一緒ではなかったのかなということを、私、今頃になって気が付きました。そのことについて、お詫びをしたい。

これからは、皆さんの気持ちをしっかりとくみ取って、それに基づいて、皆さんが本当に楽しい生活ができるような、そんな環境を、全力をあげて作っていきたいと思っています。

実はこのやまゆり園というのは、かながわ共同会というところに経営していただいております。県がお願いをして経営していただいています。そんな中で、つい先日、ここの偉い人がですね、（少女に強制性交するという）とんでもない事件を起こしてしまいました。逮捕されてしまいました。そのことによって、津久井やまゆり園に関するいろんな情報が寄せられるようになりました。それは津久井やまゆり園にとって（不適切な支援をしていたという）良い情報ではないこともたくさんありました。

来年1月から、あの時の事件、3年半前の事件の裁判が始まるんですね。そうしたら、共同会にとって良くない情報といったものがどんどん出てくると、このまま経営をお願いし続けるということが、来年になって、できなくなるかもしれない。皆さん、引っ越しを楽しみにされていますね。それが間に合わなくなるかもしれない。ですから、ここで仕切り直しをさせていただいて、そして、もう一回、園を経営するのはどこがいいですかということを募集させていただきたいと思います。

ただ、これは、私は絶対にお約束します。さっき言ったでしょう。利用者お一人お一人の気持ちになってやりますから。皆さんがこのことによって、不安になる、そういうことは絶対にない。絶対にそんなことはさせません。私が責任を持ちます。皆さんがいい形で、楽しい生活が続けられるなと思える、そんな流れを、私が責任を持って作っていきます。そこだけは信じて下さい」

その瞬間、利用者の一人の女性が大きな声を発した。

「信じます」

そして、家族会の皆さんに対しても謝罪から話し始めた。

「私が突然、方針変更をしたことによってたいへんご心配をおかけしたと思います。そのことで、心からお詫びを申し上げたいと思います。本来ならば、ご家族の皆さんにちゃんと私がご説明をした上で、方針を決めるべきだったとは思います。しかし、（裁判が）来年1月から始まります。もうすぐに迫っているんです。

そして、議会の方からも、この共同会の指定管理の継続について、どうなのかという声が上がっていますので、早く答えなければなりません。そこで家族会の皆さんには後になってしまったことはお詫びしたいと思います」

「しかし、これからの方針転換の中で、それぞれのご家族の皆さんが不安に思うことは絶対にないようにします。ご家族の皆さんが安心して、これからもご家族を託すことができる環境を作るために、我々は全力で取り組みます。そのことだけは、ぜひ、信じていただきたいと思います」

最後に共同会の職員に対しても、語った。

「我々職員が一生懸命頑張ったことを、知事は全く評価しないのか。他の施設が受け入れられないと言ってた人をちゃんと受け入れてきた。そのことを知事は全然評価しないのか、と思われる方もいらっしゃると思います。しかし、それは違います。私は皆さんの仕事ぶり、私が（警察の捜査が終わった後に視察に行って）この目で見たこと、これは信じています。仕事ぶりは評価しています。これまで頑張ってきたことに対して、心から感謝申し上げます」

「その中で、今、進めている意思確認、それぞれの皆さんのご意思はどこにあるのか。次はどこにお住まいになりたいですか？　この意思決定支援を進める中でいろんなことが見えてきたと思います」

「私は共同会のやり方はけしからん。そんなことを言うつもりはありません。我々も気づいていなかった。障害者の皆さんのために何とかしなければならない。利用者の皆さんのために何とかしなければならない。私たちも思っていました。共同会の皆さんも思っていました。それでやってきた。でも、先ほど、申し上げたように、利用者お一人お一人の目になって考えていたらといったこと。そこは我々自身も気づいていなかったということでありますから。共同会だけを責めるつもりはありません。我々自身の問題でもあります。我々自身も反省して、出直していきたい、そう考えています」

怒号の嵐

私からの説明の後、質疑応答の時間となった。ここでは怒号の嵐に包まれることとなった。特に一部の家族の反発が凄まじかった。会場は殺気だった糾弾集会のような雰囲気に変わっていった。

「先ほどから謝るとおっしゃっていますが、頭下げてないですけどね」

厳しい声が飛んだ。その瞬間、反射的に大きな声が発せられた。

「頭を下げて下さい」

先ほど、「信じます」と発した利用者の女性だった。

私は議会での表明直後、家族会の皆さん全員に、なぜ指定管理を見直すことにしたのかについて説明した手紙をお届けしていた。しかし、その内容が間違っているという。利用者である妹さんを抱きしめながら、座っていた男性が激しい口調で、私に迫った。

「お手紙の中に、園では散歩がされていないという非常にひどい事実誤認に基づいたお話がありました。私は以前、園外を散歩している人を何人も見ました。妹とも会いました。ここまではっきりと書かれた事実誤認に基づいた政策が決められていくのだとしたら、私たちにも直接あなたと話す時間を下さい」

「職員がひどいみたいなことを書いていらっしゃいますが、2年前、母が亡くなる直前に、1週間後でいいですから妹を連れてきて下さいと言ったらその2日後に連れてきてくれて、母の意識があるうちに会うことができたとか、さまざまな思い出があるんですね。それを全否定されて、どこにも連れていっていない、こんな悪いことがあるんだ、それも直接、話を聞いたわけではない。積み上げた話は関係ないんだとしたら、直接話を聞いて、その上で、政策決定して下さいよ」

「見てのとおり、話すことができない妹ですが、僕の前に立って、散歩コースを歩き、親しかった職員さんの家に行き、上がってお茶を飲んで、きゃっきゃ言って帰ってきました。そういうのも素晴らしいんじゃないですかね。そういう話は聞かずに、散歩をさせてないじゃないかという話で、政策決定をするのはおかしいでしょう」

　私が手紙に書いたのは「『園の外に出ての散歩がほとんどなかった』という情報が私の元へ寄せられた」ということであり、「かながわ共同会がいっさい外での散歩をさせていなかった」と書いたわけではない。平野さんの父親も支援記録によると日中活動は週に１回程度しかなかったと話していた。彼が散歩している人を見たというのは、週１回程度の日中活動にたまたま遭遇したということなんだろうか。それとも支援記録に書かれていたことが間違っていたのだろうか。

しかし、散歩の件だけではなく、私の元に届いていた不適切な支援が現実に行なわれていたという情報がすべて間違いということはありえなかった。また、私自身、かつて長時間の居室施錠、車椅子に縛り付けられていた元利用者の３人に直接、会い、家族とも話をしていた。彼らこそ、かながわ共同会の不適切な支援を証明する存在である。

もちろん、かながわ共同会の支援がすべて不適切なものだったわけではないだろう。事件後の悲惨な現場でも、笑顔があふれる環境を作ろうと必死に頑張っていた職員たちの姿が、私が直接見たものであった。だからこそ、利用者と職員の素晴らしい交流があったことも事実であるに違いない。くだんの利用者の女性も立ち上がって発言をした。

「今の私は心の底から芹が谷の津久井やまゆり園を愛しております。皆様のおかげで、これまで生活や活動などができたなと思っております」

しかし、この場で、私の元に届いていたようなかながわ共同会の不適切な支援について、発言する家族は一人もいなかった。本当は言いたい、訴えたいと思っている家族がいないはずはないとは思ったが、かながわ共同会の幹部や職員が見ている前では、発言できなかったに違いない。そんなことをすれば、明日からその利用者は居づらくなるに決まっているのだから。

「県民として手続きが間違っていると思います。一番苦しんで悲しんでいるのは被害者です。妹は首を刺されている。それでも千木良に行って、きゃっきゃ言ってたんですよ。そういうことを飛び越えて、政策決定しました。あんまりだと思います」

裁判までの時間が迫った中での政策判断であり、「手続きが間違っている」と言われても仕方がなかった。しかし、今、ここで決断しなければ、裁判次第ではかながわ共同会が施設運営できなくなるかもしれない。そうなれば建て替えが終わった津久井やまゆり園に再来年、引っ越すことになっているスケジュールが守れなくなる可能性がある。

「では、（引っ越し予定の）２０２１年が遅くなってもかまわないんですか？」

そう私が問いかけた途端、会場は騒然とした雰囲気に包まれることとなった。

「なんですか、それ？」

「それは避けたいと……」

「なんですか、それ？」

「それは避けたいと思ったから、早くした方がいいと……」

私の言葉は怒号にかき消された。

「なんですか、それは。２０２１年が遅くなってもかまわないんですかって、どういうことですか？　ちゃんと手続き踏んで、ちゃんとやりましょうよという話を言っているんですよ。それなのに、遅くなってもかまわないんですかって」

また、先ほどの利用者の女性が大きな声で叫んだ。

「どういうことだよ。遅くなるってどういうことだよ。どういうことだよ」

「遅くしませんから大丈夫。さっきお話ししたように２年後に引っ越しできるようにするためにやっていることです。ご理解下さい。２年後に必ず行きます」

「利用者の皆さんが言っているのは建物の話じゃないんですよ」

「どういうことなんだよ。何とか言えよ」

「建物の話だけではなくて、職員さんも含めた話ですから。それを……」

言葉を続けようとすると、

「どういうことなんだよ。余計なことをするな」

兄が入所者だという老人が発言した。

「県知事は３名の方の様子を見て、決断されたようですが、私とその３名の方とは若干、考え方が違います。家族会１３０人の意見であれば私もそれを是としたはず」

家族会の副会長も続いた。

「最初に必要なのは人間関係の構築であって、利用者と支援員の関係を深めていかないとなかなか支援もしにくい。そんな中で、日中活動も確かに十分にいかなかったかもしれない。先ほどあげられた3名の方がそういった不満を持たれたと思います。ただ、3名の方であって、ここにいるほとんどの方はそうは思ってないですね。園の職員の献身的な努力に対して、皆さん、感謝しているし、これからもずっと共同会の支援を受けたいと思っています」

　正直言って、これほど荒れた場になるとは思っていなかった。誠心誠意、私がお話しすれば、必ずご理解いただけるものと思っていた。しかし、その見込みは甘かった。家族会の中でも声の大きな人がその場の流れを作っていってしまうのではないか。本当は言いたいけど言えない家族もいるはずだ。と、内心では思いながらも、自分としてはいかんともしがたかった。

「とってもいい支援を受けられた方もいらっしゃるし、そうでなかった方もいらっしゃるようであります。なかなか全体像が見えないところもあると思います。良くない点が見えたということであるならば、（県として）それに対しては手を加えないといけないということでありますから、ぜひ、ご理解いただきたいと思います」

予定時間を30分オーバーして1時間にわたり必死にお答えしたが、その時間の中で家族会の理解が得られたとは到底思えなかった。そこで、私は家族会の皆さんの希望者には個別でも対応することを約束してその場を終えた。

かながわ共同会の草光純二理事長は取材に対し、「元園長の不祥事と、津久井やまゆり園の指定管理者見直しの話がなぜ結びつくんでしょうか。一連の知事の発言は心外です。判断の根拠としている事実に納得できない限り、指定管理期間の短縮は認められません」と話していた。

親＝子供の目線なのか

個別の説明を求めてきた家族は3家族だった。２０２０年2月14日、テレビにもしばしば顔を出して積極的に発言してきた家族会の元会長がメディアを大勢、引き連れて、県庁までやってきた。

海外の要人などとの面会でも使用する応接室で、トップ会談と同じ配置で対面し、テレビカメラと記者が見守る中、話し合いは始まった。彼は先の芹が谷園舎での説明会をたまたま欠席していたようだったが、冒頭から私は激しい糾弾に晒されることとなった。

「知事は利用者目線に立った福祉ということを発言しているが、それはどういうものかお伺いしたいです。知事とお会いした人たちは津久井やまゆり園ではある程度、言葉ができる人。（その人たちのように）知事が話したことが少しでも分かる人であればいいが、全然分からない人、理解できない人、意思疎通しようと思えば、何年もかかる人たち（もいるん）です。そういう人たちは親が代弁者じゃないですか。ということは、『利用者目線』ということは『親の目線』である。そういうことはどう考えているんですか？」

のちに私は「当事者目線」という言葉に統一したが、当時は「利用者目線」という言葉を使っていた（ちなみに「利用者目線」だと施設入所者だけを対象にしていることになるため、より幅広く、障害当事者全体を包み込む言葉にすべきだとのことから、「当事者目線」に変えたのだった）。

そこに込めた最大の思いはあくまで、「利用者（すなわち障害者）本人の目線」に立って考えようということであった。それは「支援する側の目線」から考えるのではないと同時に、「親の目線」に左右されてはならないということでもあった。

「利用者の目線は親の目線である」と言い切った彼の言葉に、私はこの問題の本質的な最大の壁を見た思いであった。

障害のあるお子さんを持った親御さんの苦労は並大抵のものではないだろう。皆さん、何とかこの子のためになりたいとの一心で、頑張ってこられたに違いない。特に重度の知的障害であればあるほど、引き受けてくれる施設もなかなか見つからず、やっとの思いで津久井やまゆり園に辿り着いたという人も少なくない。だからこそ、かながわ共同会に感謝の気持ちを持っている親御さんがたくさんいるのも事実だろう。そういうことを理解した上で、私はあえて明言した。

「私は必ずしも『親御さんの目線』と『利用者の目線』が同じとは思わないです」

「親の目線」と「子供の目線」が違うというのはむしろ当たり前のことではないのだろうか。「私は子供のために一生懸命やってきた。子供のことは私が一番わかっている。だから、私の言うことが子供の考えていることだ」と、親が話したとして、それに同意する子供がいるだろうか？　むしろ障害とは関係なく、すべての子供たちは反発するに違いない。

　この元会長は意思疎通が困難な障害者の目線に立つことは不可能であり、だから親の目線で代弁するしかないと言っている。私はそれだけは絶対に違うと思う。

　私が直接会った3人は、明らかに自分の意思を持っていた。うまく表現できないだけであって、私の思いをきちんと受け止めてくれたことだけは間違いない。彼らの気持ちをすべて親が代弁できるなんてありえないと私は思う。

　予定時間をすでに大幅に超えていたが、元会長は発言を続けた。

「今、２０２４年度いっぱいまでは、共同会に権利があります。虐待があれば、それを是正させればいいではないですか。是正した上でやらせればいい。僕らは共同会に運営してほしいと思っているんです。厚生常任委員会でアンケートを取った結果70％以上の人が共同会に運営してほしいと思っているわけですが、そのことについてどう考えているんですか？」

　私は答えた。

「これは数の問題ではないです。良い支援を受けてこられた方もいらっしゃる。しかし、そうでない方もいらっしゃるんです。その声を我々は生で聞いています。そのままでこっちの人の数が多いから（共同会の指定管理を）続けましょうとは言えません」

　話は堂々巡りのままだったが、私はあえて自分から話を打ち切ることはしなかった。結果的には予定時間の倍の1時間が経過していた。私自身としては、誠意を尽くしてお話ししたつもりだった。しかし、その後、記者団に囲まれた元会長は次のようにコメントしていた。

「今日はなんかスカッとしない会談で、むしゃくしゃはするけれど、知事は僕みたいな人間には負けないから。あの人はジャーナリストで話が上手だし、ああ言えばこう言うって、要するに昔のオウムと同じですから。絶対に自分の言ったことは曲げないわけですよ。逆に（県庁の）福祉部の人たちがたいへんな思いをしているわけですよ。そう思いませんか、僕はそう思いますけど」

虚しさだけが残る面会となった。

検証委員会の立ち上げ

私が会ったかつての津久井やまゆり園の入所者の松田智子さん、吉田壱成さん、平野和己さんの例だけでも、不適切な支援の十分な証拠になると思っていたが、その３人を例外視するような一部の家族たちにいかに理解してもらうかが大きな課題であった。そのためには、第三者の専門家の目によって支援の実態を把握していく必要があった。

２０２０年１月、第三者委員による「津久井やまゆり園利用者支援検証委員会」を立ち上げた。ただ、誰をメンバーに選ぶかはその後の流れを左右しかねなかっただけに、慎重に選考を進める必要があった。

検証作業はそもそも対象者であるかながわ共同会自身の協力なしには進まない。しかし、彼らの激しい抵抗が予想された。資料提出を拒否されたり、隠蔽されたりするかもしれない。

しかも、県庁の担当部局も自分たちのこれまでの対応の不備を指弾されることにもなりかねないから、検証作業に消極的姿勢になることも、十分に想定された。もし、中途半端な検証に終わり、実態が正確に浮き彫りにならなければ、改革の流れは止まってしまうだろう。検証委員会のメンバーはなによりも改革魂にあふれた専門家であることが求められた。あらゆるルートで情報収集をした上で、最終的に次の３人にお願いすることとなった。

まずは、障害福祉の権利擁護に関する第一人者である、弁護士で國學院大學教授の佐藤彰一さん。２０１３年、千葉県袖ケ《そでが》浦《うら》市の県立福祉施設で利用者の知的障害者が職員から暴行を受けて死亡した事件があった。彼はその検証委員会の座長を務め、７年かけて実態を浮き彫りにし、定員１３０人の大規模施設廃止への流れを作った人物である。まさに最適任と言える人物が快く引き受けてくれた。

他に元厚生労働省障害福祉専門官の大塚晃さん、元毎日新聞論説委員の野澤和弘さん。３人とも知的障害のお子さんをお持ちであり、障害福祉改革に向けて取り組もうとする県の本気度を示すに足る人材に集まっていただくことができた。

皮肉なことに、いかにその人選が素晴らしいものだったかは、のちの県議会での反発の激しさで確認することができた。

検証委員会による調査は、やまゆり園側から提出された個別支援計画書やアセスメントシートなど膨大な資料のチェックから始まった。資料の提出作業には県職員も関わったが、もし改革に消極的な職員ばかりであれば、その段階で事実が浮き彫りにならない方向に向かってしまうかもしれなかった。幸い、志を持って改革に取り組もうという職員がいたことから、なんとか検証作業はスタートすることができた。

しかし、冒頭から想定外の事態が起きた。本来は資料を細かく検証し、改ざんが行なわれていないか否かも丁寧に調べ、職員への聞き取りなどを経て、実態が徐々に明らかになってくるはずだった。それには相当な時間がかかると思われていた。

ところが、最初の資料提出が行なわれた段階で、いきなり検証委員会は「虐待疑い」事案を発見してしまったのである。何時から何時まで居室施錠していたなどの記録がそのまま、記載されていたが、それは明らかに今の定義では「虐待」にあたる行為であった。

佐藤座長は啞然として私に話した。

「書類をざっと見ただけで、こんなに早く、実態が浮かび上がるなんて思ってもみませんでした。彼らには何が『虐待』にあたるのかという認識が根本的に欠如していたということなんでしょうね」

検証委員会は4ケ月後の5月に中間報告をまとめた。その中で、「一部の利用者を中心に、『虐待』の疑いが極めて強い行為が、長期間にわたって行われていたことが確認された」と津久井やまゆり園の支援を厳しく指摘した。

「虐待」の定義とは

そもそも、「障害者虐待防止法」では、「正当な理由なく障害者の身体を拘束すること」は身体的虐待に該当する行為とされている。やむを得ず、身体拘束を行なう場合は、「切迫性」「非代替性」「一時性」の3要件のすべてを満たす必要がある。

ちなみに、「切迫性」とは、利用者本人または他の利用者等の生命、身体、権利が危険にさらされる可能性が著しく高いということ。

「非代替性」とは身体拘束その他の行動制限を行なう以外に方法がないこと。

「一時性」とは身体拘束その他の行動制限が一時的であること。

しかし、津久井やまゆり園では3要件のうち一つでも該当すればよいと認識しており、会議でそのように伝達されていたことが確認されたという。

また、県の対応についても厳しい指摘が行なわれた。

「身体拘束の3要件に対する県の見解が、園側に明確に示されていなかったことが確認されるなど、県立の障害者支援施設の設置者としての役割意識が不十分であり、指定管理者に障害者支援施設の運営を任せきりにしてしまう傾向があることが確認された」

県にとっては厳しい内容だった。しかし、私自身は津久井やまゆり園だけに問題があるのではなく、県の責任は重大だと感じていたので、ずばり指摘していただいて、むしろよかったと思った。

この中間報告書に対して、かながわ共同会は反論のコメントを発表した。

「事例の中には、津久井やまゆり園事件後の混乱した状況下のものがあり、当時の厳しいギリギリの支援の状況は県に報告していたが、今回、虐待疑いとして取り上げられた」

つまり、彼らは「『虐待疑い事案』は事件直後の話であって、今は違う」と主張しようとしているのだった。しかし、検証委員会が調査したのは、事件から３年後の２０１９年までの記録であって、「最近の時点でも虐待の疑いがあった」と指摘しているのである。事件直後の混乱した状況下だけで起きた特別なことでないのは明らかであった。

また、24時間の居室施錠という点については、

「食事、トイレ、入浴時には開錠していたにもかかわらず24時間と断定しており、必ずしもすべてが事実ではない」

と反論している。

しかし、それは逆に「食事、トイレ、入浴時以外は居室施錠していた」ことを認めているのではないか。少なくとも、「切迫性」「非代替性」「一時性」の3要件すべてを満たした身体拘束（居室施錠）ではなかったことは明らかである。

ことほど左様に、「虐待」への基本的認識がかながわ共同会幹部にはなかったということが明らかになった。

調査を打ち切り?!

中間報告を経て、これからいよいよ職員へのヒアリングが始まるものと私は当然のごとく思っていた。そもそも最終報告のない中間報告なんてありえない。

ところが、県の幹部職員が議会の場で、

「検証につきましては、この中間報告書をもって終了となりまして、最終報告ということは考えていません。作成はしません」

と答弁していたのである。

記者会見で記者から、「なぜ、中間報告で終わりなんですか？」と聞かれて私自身、仰天した。少なくとも、私が決裁した事項ではなく、現場判断で幹部職員が答弁したものだった。

当初は、園及び法人の職員からのヒアリングを実施する予定だったが、新型コロナウイルス感染症の拡大と重なってしまったことから、途中ではあったが、まずはこの段階で中間報告を提出していただいたのである。私自身はここで終わりにするなどとは全く考えていなかった。

当然のごとく、「中間報告で終わりにするのか」という声がさまざまなところから噴き出してきた。「職員たちへのヒアリングも実施しないままで、幕引きをするのか」という批判であった。それはいかにも、真実に迫ることを避けて隠蔽しようとしているかのような印象を与えるものであった。

なぜこのような幹部職員の発言になったのだろうか？　県の担当職員たちにはさまざまな方面から凄まじいばかりの圧力がかかっているに違いなかった。県議会の一部議員は徹底的に私を糾弾し続けた。県庁の担当部局は私と彼らの間に挟まれる状態となっていたに違いない。

おそらく、「早く幕引きを図れ」という一部議員からの強い圧力に幹部職員が屈したからだろう。私との認識にずれが生じていたことは認めざるをえない。

これまでは、県庁職員も県議会と共に、障害福祉の政策を進めてきたはずである。現場の声、関係者、そしてその声を受けた議会と議論し、連携しながら施策を展開するというのは県政運営の王道である。

しかも、県庁職員が本能的に県立施設を守らなければならないと考えるのは当然だろう。しかし、私が進めようとしていることは、従来の県庁職員の常識をすべて捨て去らなければできない話であった。私は県庁自体にもメスを入れる必要性を感じていた。

私は最も重視すべき現場の声は利用者・障害当事者本人だと言っているのであ

る。それは少なくとも障害福祉の政策決定の上で、ほとんど誰も目を向けようとしてこなかった人たちであった。家族会の元会長が主張したように、親の目線が子供の目線であるから、親の言う通りに政策を進めればいいとみんなが思い込んでいたのだろう。

さまざまな団体から「中間報告で終わりにするな」という要望も届けられた。私はそういった声も踏まえ、津久井やまゆり園職員へのヒアリングはもちろんのこと、逆にさらに対象範囲を拡大して、他施設の実態把握にも取り組む方針を打ち出した。

これまではかながわ共同会だけに焦点を当てて検証を進めてきたが、他の施設でも同じようなことがあるだろう、とは容易に想像ができた。そこで、検証対象を他の県立障害者支援施設にも拡大し、更に検証を進めることにした。そのため、県では、これまでの検証委員会を発展的に改組し、「神奈川県障害者施策審議会」の部会として、「障害者支援施設における利用者目線の支援推進検討部会」を設置した。

そして、津久井やまゆり園に加え、県直営の中井やまゆり園、さがみ緑風園、指定管理施設の愛名やまゆり園、厚木精華園、三浦しらとり園の合計6施設を対象とすることにした。

県議会との攻防

中間報告に対しては県議会でも問題視されたが、それは私の考えと全く異なる展開であった。なかでもB県議は委員会で次のように述べて、当局を追及した。
「この中間報告書が、あたかも今までの津久井やまゆり園利用者支援検証委員会の結果であるかのような、そんな形で独り歩きすることについては、極めて問題だと思っています。特に身体拘束を行なう場合は、長期間にわたって行なわれていたことが確認されたという、この項目なのだが、これは現場の事情聴取や、現場の人たちの意見を聞くことなく書かれているものであると。

こうした形で、こうした文言が残ると、あたかもこれが常態化していて、真実であったかのような、そんな印象を与えてしまうんではないかと思うのです。だからこれを削除するとかでなしに、独り歩きしないように。

これは中間報告というより事務的な手続きと見てますから、表に出ることはないでしょうけれど、この辺少し注意してほしい。こうした中間報告書が独り歩きすることが一番の問題だと」

つまり、中間報告書で指摘されたことは事実ではないことを証明するために、本来は現場に行ってヒアリングなどの調査をすることが必要だったと主張しているのであった。私たちが中間報告書で指摘された事案を確認し、さらに深掘りするためにその後の調査を求めているのとは真逆の考え方であった。

また、新たに検証対象を拡大するために設置する検討部会に、県当局は検証委員会の３人に残っていただくこととしていた。これまでの検証を進めてきた委員に続けてやっていただくことは当然と考えたからであった。ところが、この３人が残ることについて、Ｂ県議は県当局を徹底的に追及した。

「今の検証委員の３人は同じ方向を向いた同じステージの仲間たちだから、この

3人がこぞって残るようなことは好ましくないのではないか。公正な立場からあらゆる分野の人たち、いろいろな考え方のある人たち、知見者、体験者等を選抜して、できる限り人数を増やしてほしいという要望をさせていただいたんですが、やはり、この3人まるごと残すのは、いささか危険だと思うし、みんな同じ方向を向いているから」

まさにかながわ共同会を守ろうとする一心での発言であり、彼らの代弁者としか思えなかった。そして、県当局、私自身への攻撃が延々と行なわれた。

事件当時、津久井やまゆり園のC園長はこれまで一貫して被害者然として、マスコミのインタビューに答えていた。しかし、「虐待疑い」がここまで明らかになった以上、園長が知らなかったで済まされるわけがない。むしろ、本来は「虐待」を放置してきた当事者だったのではないかという疑惑の目が向けられるのは必至であった。

そんな中、C園長は記者とのやりとりで、次のように発言していた。

「日本は民主主義の国なので、いろんな人がいろんな意見を言い合いながら、物事が決められていく。その基本的な民主主義の国家の道筋を、しっかり神奈川県も歩んでいただきたい」

C園長の口から「民主主義」という言葉が出てきたことに違和感を覚えたが、すぐにその後のコメントでその心が分かった。

「どうか、議会というか、話し合いの場を通して、最終的な決定が、私たちが安心できる形になってもらいたいと、個人的には要望しています」

つまり、知事が独断で指定管理見直しを表明するなどの横暴を働いている、それを民主主義の力で正してほしい、県議会がこの横暴を止めてくれることを期待すると言っているのではないか。

B県議は私がある福祉関係の大学院教授に操られているという疑いを持って私を追及しようとしてきた。その教授と私がもともと懇意だったことは間違いない。しかし、その教授に操られているなどという話は全くあり得ないことだった。

その教授が発信するSNSのメッセージの中に「当事者目線」という言葉を見つけて、私が操られている証拠だと、私を追及しようとしていた。しかし、「当事者目線」という言葉は私が発信したものであって、教授がそれに呼応したというのが実際のところであった。

孤立無援に

そもそも県議会が追及すべきだったのは、検証委員会の中間報告書で明らかになった津久井やまゆり園での「虐待疑い」事案ではなかったのか。こんな虐待が疑われる支援を行なってきたかながわ共同会は問題ではないか、なぜこのような支援が行なわれてきたのか、それを見逃してきた県当局は何をしていたんだといった議論が行なわれるのなら分かる。

そうではなくて、あたかもかながわ共同会に非があったのではなく、それを明らかにしたプロセス、主導した委員会のメンバーに問題があったという議論に終始したことに対しては、疑問を呈さざるをえない。

しかも、こういった議会の状況を問題視する県政担当記者は一人もいなかった。

ただ単に議会での議論の一部をそのまま報道するばかりであった。

私はマスコミ出身の知事として、通常、マスコミ批判はいっさいしないことにしている。報道の自由を侵害するような物言いは絶対に避けようと努力してきた。

この時も直接、口に出して批判はしなかったが、内心、後輩たちは何をやっているんだと歯がゆい思いをしていたのが正直なところであった。

長年にわたって障害福祉の問題を取材し続けてきた毎日新聞の上東麻子記者だけは違った。Web版ではあったが、シリーズで津久井やまゆり園事件からの一連の流れの特集記事を書き続けていた。そんな彼女は、著書『ルポ「命の選別」誰が弱者を切り捨てるのか?』(文藝春秋)に本質を抉り出す文章を書いていた。

「背景には、議会軽視とみられがちな黒岩知事への不満もある。やまゆり園の支援の実態を調査するために知事が肝いりで設置した検証委員会が、長期にわたる居室施錠など虐待の疑いを指摘すると、一部議員は入所者には目を向けず、『過去の古い話を蒸し返している』などと委員個人への批判を繰り返した。(中略)

地元メディアも目先の政治的対立を取り上げ、障害者虐待という人権問題には目を向けなかった」
まさに正論である。自らの同僚でもある「地元メディア」にも批判の矛先を向けているのは彼女にも耐えがたい思いがあったということに違いない。こんな骨太の記者が一人でもいてくれたことは救いではあるが、なぜ、自分が所属する新聞の紙面でこういった記事を書けなかったのか？　特集記事はなぜ、いつもWeb版のみだったのか？　自分の著作物の中でしか発信できなかったのはなぜなのか？　メディアの在り方にも大きな問いを投げかけているようにも思う。

このようなごく一部の例外を除いて、マスコミもかながわ共同会の「虐待疑い」に斬り込もうとはしなかった。私はまさに孤立無援状態であった。そんな切羽詰まったギリギリの状況の中、想像もしなかった強力な助っ人が現れた。

そこから一気に流れが変わっていったのであった。

4 同志たちの言葉

県庁を目指してくる大集団

ダイヤモンド・プリンセス号が横浜港にやってきて、新型コロナウイルスとの闘いが本格化し始めた２０２０年２月半ばのことである。

「知事、ピープルファーストの皆さんが全国から県庁を目指しています。人数も日に日に増えているようです。１００人を超えるかもしれないと言ってます」

首藤副知事から報告を受けた時、正直言って、私の頭に具体的な映像が浮かばなかった。サムライの合戦やデモ行進じゃあるまいし、県庁目指して人がどんどん増えながら近づいてきているというイメージがつかめなかったのである。

ピープルファーストとは１９７３年、アメリカのオレゴン州で知的障害の当事者たちが集まり、知恵遅れや知的障害者というレッテルを貼られることがどんなに嫌かを話し合い、「私たちは障害者である前に人間だ」と訴えたことから始まった運動である。

「Nothing About Us Without Us（私たちのことを私たち抜きで決めないで）」

「自分たちのことは自分たちで決める」という当事者の自己決定権を実現することを目的とし、２００４年にさまざまな準備期間を経て、ピープルファーストジャパンが結成された。これまで福祉の全国組織は親や専門家が中心であったが、知的障害の当事者たち自らが結成した画期的な組織である。

私がピープルファーストジャパンのみなさんと初めて出会ったのは、２０１６年９月のこと。横浜で22回目の全国大会が開かれた際であった。津久井やまゆり園事件から２か月も経たない中、事件の現場となった神奈川県で開かれる大会ということで、私も会場に駆けつけ、来賓として挨拶をした。

横浜大さん橋ホールには全国から１０００人近くの知的障害の当事者の皆さんが集まっていた。それまで私は知的障害者の方との直接的な交流がなかっただけに、その会場では驚きと発見の連続であった。

まず、大会の企画から運営、進行など、すべて知的障害の当事者の皆さんが行なっているという。それを聞いた時、本当だろうかというのがまず正直な思いであった。私が来賓として挨拶をするのはいいとして、皆さんはその内容を理解してくれるのだろうかと半信半疑でもあった。その当時の私の知的障害当事者への認識はその程度のレベルだったのである。

　私のイメージの中にあった知的障害者とは、津久井やまゆり園を訪れた際に出会った人々の姿であった。うつろな表情で立ち尽くす人、意味不明の言葉を話しながら、うろうろ歩き回っている人、いきなり奇声を発したり、暴れたりする人……。私が彼らとコミュニケーションを取れるとはとても思えなかった。その記憶が鮮烈だった。

　しかし、壇上で実際に話してみると、皆さんの理解力の程度は肌感覚ですぐに分かった。ゆっくりやさしい言葉で話しさえすれば、分かってくれる。それは私にとって大きな喜びでもあり、発見でもあった。そして、私が津久井やまゆり園事件について話し始めると、会場に言いようのない緊張感が走るのを感じた。

「障害者の皆様と共に生きていく社会を一個一個作ろうと前へ前へ前進していく中で、こんな事件が起きてしまいましたが、我々は今まで積み重ねてきたこういう流れを後退させるわけにはまいりません。確実な一歩を皆さんと更に更に前進させていくことを、お誓いして歓迎の挨拶とさせていただきます」
私の言葉には自然に力がこもっていた。ここにいる皆さんにこそ、伝えなければならないメッセージだと思ったからであった。会場から大きな拍手をいただいた。これは、私にとって知的障害当事者に直接語りかけ、その声に耳を傾ける最初の体験となった。そして、「自分たちのことは自分たちで決める」という言葉を認識するきっかけともなった。

しかし、今、思えば、この時点ではその言葉の持つ本当の意味を私は全然、理解していなかった。もし、この時に正しく理解していたら、その後の施設全面建て替え計画を発表することも、それをのちに撤回することもなかっただろう。まずは障害当事者の声を聴いてから決めていたに違いない。

ただ、私が会場に足を運んで挨拶をしたことをピープルファースト横浜の小西勉会長たちは大喜びしてくれた。彼は主催者代表として、私を丁重に出迎えてくれて、しかも壇上で堂々と挨拶文を読みあげていた。私の知的障害者に対するイメージを根底から変えることに最も大きな力を発揮してくれた最初の人物であった。

その後、彼とは親しく付き合うこととなった。彼は自由に話すことに不安があるからか、いつも自分の想いを事前に紙に書いてきて、それを読み上げるのだった。しかし、その文章は実に的確で、本質を射貫いた内容であるとともに、詩のような美しい響きがあった。

最初の出会いから4年後の２０２０年2月20日、その小西さんが先頭に立ち、ピープルファーストジャパンのメンバーを引き連れて、神奈川県庁にやってきたのである。

自分たちのことは自分で決めたい

2月20日に県庁に集結したのは１００人を超えるなどというレベルではなかった。最終的にはなんと４５０人の大集団となっていたのである。どこにお通しすればいいか、県庁内にはそれだけ大勢の人を迎え入れる会議室はない。代表者だけに会議室に入っていただくことも検討したが、他の大勢のメンバーを外の寒空に立たせておくわけにもいかないため、たまたま空いていた大会議場にご案内することにした。2階席までびっしりで、立錐《りっすい》の余地もない状態だった。

あと1週間、遅かったら、それもできなかっただろう。この直後に政府から新型コロナウイルス対策として、「密閉」「密集」「密接」の3密を回避するよう方針が打ち出されたからである。

大会議場は昔の県議会の本会議場で、今も予算委員会が開かれている場であるが、こんなに大勢の人が入っているのを見るのは初めてであった。しかも参加しているメンバーを見て、驚いた。津久井やまゆり園から「てらん広場」に移り、私が直接、謝罪をした松田智子さん、平野和己さん、吉田壱成さんの3人が、ピープルファーストジャパンの中山千秋会長、小西さんと一緒に壇上に座っていたのである。

小西さんは壇上でいつものように事前に書いた紙を取り出し、読み上げた。とつとつとした口調ではあったが、心のこもった魂の叫びのような内容であった。障害当事者の思いがまさにまっすぐに表現されている文章なので、ここではあえて全文を紹介したい。

私たちが願う新しい障害福祉～私たちのことは私たち抜きで決めないで～

３年半前に津久井やまゆり園の事件が起きて、自分のことのように思ってしまいました。当時、自分は電車に飛び込もうかと思いました。それくらい衝撃的な事件でした。私たちにとって、この事件は本当に恐ろしい出来事です。二度と起こしてもらいたくありません。とてもショックで、傷ついて、職員を信じることができなくなりました。

なぜ、この事件が起きたのかが、裁判の中で明らかになっていません。私たちはまだ職員を信じられません。植松被告がどうしてこのような恐ろしい事件を起こしたのか、死刑にしても何も解決しません。知事さんに職員を信じられるような体制を作って欲しいです。そのために今日、みんなで来ました。

これから話すことは裁判の記録で知りましたが、７０４、７０７、７０９、７１０は鍵をしていたが、鍵をしていない部屋の人は殺されたり、けがをしました。なぜ、夜中なのに、部屋の外から鍵をかける必要があるのか、不思議でたまらないです。

知事さんには裁判ではっきりしなかったことを調べてもらいたいです。

やまゆり園の利用者の人に動物のしつけと一緒で鼻を小突いたりしていたと、植松被告が言ってるけど、そのような支援は本当だったのか、また、やまゆり園の利用者の部屋で、うんちの臭いがひどいと言っている。大の大人が裸で走り回っていた。園長はどう思っていたのか、見て見ぬふりをしていたのか、そういうことを知りたいです。

利用者も職員も信頼しあう関係はどうしていたのか、職員教育はどうなっていたのか？　職員に愛情があれば、あんな事件は起きなかったと思います。

なかまの山本さんは植松被告が言った「障害者は生きる価値がない」という言葉に対して、「命はお母さんのお腹から生まれた。可愛い可愛いと大事に育てられた。殺されるために生まれたのではない」と手紙に書いていました。私たちは親に愛情を持って育てられました。私も愛情を持った一人の人間です。

私たちはうんちの臭いのする部屋に閉じ込められたり、車いすに縛り付けられたり、動物のようなしつけをされるために生まれてきたのではありません。

私たちは障害者である前に人間です。
暮らす場所は自分で決めたいです。

私たちはこの事件を知って、大きなショックを受けました。3年経った今も恐怖と不安は消えていません。ピープルファーストのなかまたちと事件について話し合ってきました。どんな障害の重いなかまにも心があるし、誰もが幸せを求めて生きています。

松田智子さんは津久井やまゆり園で17年間、車いすに縛られていました。今では自分の足で歩いているのに、どうしてそんなにも長い間、車いすに縛られていたのでしょうか。どれだけ辛い日々だったかを考えてもらいたいです。
平野さんは毎日頑張って仕事をしています。私は平野さんが笑顔で仕事をしていることがとてもうれしいです。とても正直で笑顔のきれいな人です。どうしてこんなに仕事ができるのに、仕事の機会を作ることができなかったのでしょうか。

何もできない人、意思疎通ができないと決め付けられたのは、園の支援に問題があったのではないでしょうか。

松田さんも平野さんも新幹線に乗って、ピープルファースト大阪大会に来てくれました。

なかまたちの多くは職員の支援で変わっていきます。ピープルファーストのなかまで施設をけいけんしてきた人たちがたくさんいます。みんな、施設の中で嫌な思いが強くて、二度と施設には戻りたくないと言っています。自分の名前が言えない人、勝手に意思疎通が苦手な人にも心があります。植松被告と津久井やまゆり園の職員はなかまたちの心を理解して、一緒に幸せを作っていくことが、なんでできなかったのでしょうか？　私たちはそれを知りたいのです

窮地に出会えた同志たち

そこに綴られたのは、まさに障害当事者自身の切なる思いであった。全く反論の余地もない、直球の正論であった。４年前のピープルファースト大会in横浜で小西さんと最初に会った頃には、私は障害当事者のことを正しく理解できていなかった。しかし、その後、松田さんらと出会い、直接、彼らと接するようになって、彼らの声にこそ、耳を傾けなければならないと強く確信するように変わっていったのである。

県議会で厳しい質問に晒されるたび、私としてはそのことを繰り返し、述べてきたつもりだったが、全くといっていいほど通じなかった。家族会の意向を尊重せず、かながわ共同会の過去の悪い問題ばかりを掘り起こして責め続け、強引に物事を進めようとするのは知事の横暴だと、徹底的に叩かれ続けたのであった。

そんな中、こんなにも多くの仲間たちが集結し、障害当事者の真の思いを、直接、自分たちの言葉で力強く私に訴えかけてくれたのである。「Nothing About Us Without Us（私たちのことを私たち抜きに決めないで）」。それはつまり、「家族会の声を障害当事者の声と受け取らないでほしい」「あくまで障害当事者の生の声を聴いてほしい」というメッセージだった。

それはギリギリまで追い詰められていた当時の私には、救世主に思えた。「黒岩知事、負けるな。頑張れ！」という私への大応援団だと感じた。

最後に全員と記念写真を撮ったが、松田さんが先頭で気合の入ったガッツポーズを取っていたのには思わず笑ってしまった。彼女はきちんと言葉にはできないけれど、私とは完全に思いがつながっている、まさに我が同志だと再確認した瞬間でもあった。

彼らはその後、県議会の各会派を回り、同じ趣旨を文章にした要望書を手渡した。この日から、明らかに議会の流れが変わった。

障害当事者の声に耳を傾けなければならないという意識の変化が県議の中にも拡がり始めた。そして松田さんらが今いる、「てらん広場」を県議たちが視察に行くようになった。まるで魔法のように、視察に行った県議は次々と私の理解者へと変わっていった。

津久井やまゆり園事件から始まったさまざまな闘いの中で、ピープルファーストジャパンの４５０人が県庁にやってきたこの日は歴史的な出来事と位置付けられるべきだと私は思う。この出来事がなかったら、「神奈川県当事者目線の障害福祉推進条例〜ともに生きる社会を目指して〜」制定にはとても辿り着けなかったに違いない。

言葉を換えれば、ピープルファーストジャパンの障害当事者自らが立ち上がったことによって、新しい福祉の流れを作り出したということでもある。福祉の世界におけるある種の革命を目の当たりにしたと言っても過言ではないだろう。

その年の７月、テレビ神奈川で津久井やまゆり園事件をテーマにした報道特別番組が制作されたが、そのスタジオで私はもう一人の障害当事者のキーパーソンに出会うことになった。「にじいろでＧＯ！」という障害者グループのリーダーを務める奈良﨑真弓さんである。

名司会者との勉強会

「『相模原45人殺傷事件』から4年　見えない壁を越えて〜共に生きる社会へ」と題したテレビ神奈川の報道特別番組は、この事件の取材を続けてきた遠藤幹彦記者がプロデューサー兼コメンテーターを務め、事件の本質に迫ろうとする意欲的な内容となっていた。

そのスタジオゲストの一人が奈良﨑さんであった。この人はほんとうに知的障害者なのだろうかというのが、私の正直な気持ちであった。それほどまでに頭の回転の速さ、物事の本質を見抜く的確さは抜群だった。

番組の中で、彼女は「差別されていると感じることがあるか」との問いに対して、早口でまくし立てるように答えた。

「差別ってなんだろうって時に、頭に出てきてイヤなんだけど、それは親なんです。親御さんて私たちを差別してるよねってよく言うんです。私は親の育成会で長年、活動をしてきたんですけど、その中で、『奈良崎さんはいいわね。軽度の知的障害だから』って、よく言われるんです。でも、障害の軽度と重度ってどう違うの？　そこで差別してませんか？　って。私のお兄ちゃんは重度だけど、私たちは重度、軽度ではなくて、お兄ちゃんと妹なんです。なんで障害者を同じように見てくれないんだろう。そこを日本は変えてもらいたいなって」

「障害のあるなしに拘らず、みんなが一緒に歩むという場所を作ってほしいです。昔はサロンとか喫茶店とか集まる場所があったんですが、今はないんです。会話がかみ合わないかもしれないけれど、みんなが分かるものを作ってもらうとみんなが楽しめる。一緒に作ればみんなが優しくなれるし、みんなも悩まなくてよくなると思うんです」

　とにかく彼女の喋りは圧倒的に速かった。それは利発さを物語っているに違いなかった。しかも、自分の感情を自分の言葉で的確に表現し、本質にぐんぐん迫ってくる迫力があった。私は自分の中にあった知的障害者というイメージがガラガラと音を立てて崩れる感覚に陥っていた。

収録終了後、彼女が主催する「にじいろでＧＯ！」の勉強会に参加してほしいと要請された。私は彼女からの直接のリクエストにお応えすることにした。知的障害者が自主的に運営する勉強会とはどういうものなのか、興味津々であった。しかも、私が参加を決めた日の勉強会のテーマが「障害者権利条約」についてだと聞いて、また驚いた。

しかし、今から思えば、そういうことに驚くこと自体、知的障害者の実態について、いかに無知だったかを思い知らされたような気がして、恥じ入るばかりである。

藤沢市の会議室には障害当事者10人程度とサポートするボランティア・スタッフが集まっていた。もともと私は見学のつもりでいたが、奈良崎さんにいきなり「知事も一緒にやって下さい」と言われ、彼女から投げかけられる質問に、みんなと一緒に答えていくことになった。

みんな一人一人、とつとつとではあったが、自分の体験や考えを自分の言葉でしっかりと披露した。司会を務める奈良崎さんの仕切りは実に見事だった。絵などをうまく効果的に使いながら、すべて分かりやすい言葉で課題を整理し、みんなで考える流れを作っていた。

なるほどこれが彼女がスタジオで言っていた「みんなが分かりやすいものを作ればみんなが楽しめる」ということなんだと気づかされた。キャスター出身の私から見ても、お世辞抜きに彼女は名司会者であった。

「にじいろでＧＯ！」のホームページで彼女はその日のことをこんな風に記していた。

「7月のシンポジウムで仲間たちに会って、話し合いが終わった後の飲み会も出来ないのがとても寂しいです。そんな中でも嬉しかったことがあります。『にじいろでＧＯ！』の勉強会に初めて神奈川県の黒岩知事が参加してくれたことです。

その時の勉強会の内容は『障害者権利条約』の第19条『街の中で自分らしく生きること』をやりました。最初は仲間たちがいつもと違って緊張しているのを久しぶりに見ました。やっていく中でいつもの『にじいろでＧＯ！』の仲間たちになってきました。

まず、今の暮らしのことを発表しました。次はこれからどんな暮らしをしたいかを発表しました。黒岩知事も一緒になって（やって）くれました。仲間たちの意見を聴いて知事はびっくりしていました。

『結婚して自分の家を建てたい』『マンションで一人暮らし』などの意見がでました。知事からは、津久井やまゆり園の今後の参考になったと返事がありました。

今回の勉強会はとても楽しくて良かったと思います。また、黒岩知事と一緒に勉強会をしたいと思いました」

当事者と支援者の関係

これがきっかけとなり、私はさまざまな障害当事者の皆さんとの対話を重ねていくことになった。奈良﨑さんの〝ご指導〟もあり、回を重ねるごとに私は彼らとのコミュニケーションの取り方のコツをつかんでいったように思う。そうするとどんどん対話自体が楽しくなっていった。折しも新型コロナウイルス感染症拡大の時期にもあたっていたため、オンラインでの対話も行なった。

私はいつも彼らの声をノートにメモしながら、話を進めていったが、それは記者時代からの私の習性でもあった。それぞれの対話では、必ず新しい発見や気づきがあった。私が当たり前と思っていることが、彼らにとっては乗り越えなければならない高いハードルになっていることがたくさんあることを教えられた。

特に印象的だったのは自ら精神障害者だというある男性の発言だった。

「私も以前、施設にいる時、暴れて、押さえられて、部屋にずっと閉じ込められたことがありました。とっても嫌でした。でも、あの時、私がどうして暴れているのか、聴いてほしかったんです」

静かに淡々と語るその言葉には大きな力があった。私の心にまっすぐに突き刺さった重い言葉であった。私にはこの言葉にすべての本質が込められているように思えた。つまり、彼が暴れたのは粗暴な性格のせいではなく、それなりの意味があったということである。

彼はその時、きっと何かしてほしいと思ったのだろう。しかし、それをうまく表現できない。自分なりに表現しているつもりなのだが、全然伝わらない。支援者も気づいてくれない。気づこうともしてくれない。そんなフラストレーションがたまって、最終的に暴れるという行動につながったのだろう。すると、支援者はその暴れるという行動に対して、即座に反応した。彼を力ずくで押さえようとした。彼はますます暴れる。そのうちに部屋に押し込められ、ずっと閉じ込めておかれる羽目になった。おそらくそういうことなんだろうと思う。

　これは子育ての場面を考えれば分かりやすいと私は思った。赤ちゃんが泣いている時、きっと何かを訴えているんだろうと、お母さんはさまざまに赤ちゃんの気持ちを想像する。「おむつが濡れているのかな？」「お腹がすいて、ミルクが欲しいのかな？」「眠いのに眠れないのかな？」「どこか具合が悪いのかな？」

　そして、いろいろ試してみて、それが当たると赤ちゃんは泣きやみ、静かに眠ったり、可愛い笑い声を発するようになる。

　つまり、精神障害のくだんの男性の場合も、訴えたい何かを支援者がさまざまに気を巡らせることによって、それがピタリと当たったら、彼は気分を害することもなく、暴れることもなかったに違いない。

障害当事者の目線に立つことが福祉の現場では最も大事なことなんだと私はこの時、気づかされた。赤ちゃんの場合、赤ちゃんの伝えたかった思いが分かり、赤ちゃんの笑顔が戻った時、お母さんは育児の喜びを感じることだろう。

同じように、当事者目線の障害福祉が実現できた時には、利用者が安堵するだけでなく、支援者もやりがいを感じ、喜びを感じることになるだろう。利用者と支援者も人間同士の関係なのだから、双方が喜び合える支援こそ、我々が理想とすべき姿ではないだろうか。

私はこうして「当事者目線の障害福祉」という言葉に辿り着いたのであった。

（知的障害者のことを赤ちゃんの例を持ち出して説明するのは、失礼なことかもしれないと思ったが、対話の相手であった脳性麻痺の猿渡達明さんに率直に聞いてみたところ、「実際にそうなんだから問題ないですよ」と言って下さったのであえて、この例で説明することにした）

ともいきアートの世界

知的障害当事者との対話を重ねる中で、障害者がアート作品を作っている現場にもいくつか足を運んだ。県では、障害者アートを「ともいきアート」という表現でクローズアップし、応援してきたが、この世界に入り込めば入り込むほど、私はそもそも「障害とはなにか」が分からなくなってくるのを実感している。

最初に訪問したのは小田原にある「アール・ド・ヴィーヴル」という障害福祉サービス事業所であった。その名の由来はフランス語で「自分らしく生きること」だという。ダウン症のお子さんを持った萩原美由紀さんが理事長として２０１３年に立ち上げたＮＰＯが母体となっている。

新しい建物の中はアートの雰囲気に包まれていた。障害者が思い思いに自らのアート制作にいそしんでいた。誰が教えるでもなく、みんな自発的に絵を描いたり、フィギュアを作ったりしていた。

皆さんに集まってもらって、自分の作品を紹介していただきながら、対話を進めた。私も自分の描いた絵を持参して紹介した。片岡鶴太郎さんに教えていただいた墨と日本絵の具で描いた鮎の絵だった。しかし、皆さんの絵があまりに個性的で、独自の世界観を持った素晴らしいアート作品だったので、なんだか気恥ずかしい気がした。

特に印象的だったのは塚本愛実さん。樹脂粘土でアニメのキャラクターのような小さなフィギュアを作り続けていた。既存キャラクターを模倣しているのかと思ったが、すべて彼女のオリジナル作品だった。下絵を描くこともなく、頭の中に浮かんだイメージで思いのままに作り上げていくというから、まさに天才と言ってもいいのではないだろうか。

彼女は絵も得意で、いろいろな動物を可愛らしく描写する。のちに彼女が自分の絵を知事室に飾りに来てくれた際に、私のフィギュアを作ってプレゼントしてくれた。見事に特徴をとらえていて、私自身も大いに気に入ったので、今も来客用のテーブルに飾ってある。

私は一人一人の作品に対して、その素晴らしいポイントを私なりに感じたままコメントした。色使いの大胆さ、独創的な構図、一人一人のこだわりのユニークさなどを指摘すると、みんな、ニコニコしてとっても嬉しそうに聴いてくれた。その誇らしげな顔には自信のようなものさえ、感じることができた。

作品のデザインを活かしたグッズも販売されていた。クリアファイル、一筆箋、絵葉書、Ｔシャツ、カレンダー、スケジュール帳、オリジナルテキスタイルのポーチなど、さまざまなグッズが揃っていた。

私は手織りの珍しいポケットチーフを２枚購入した。これは決して、知的障害者が作業所で作った製品だからということで、彼らを助けるために購入したのではない。ただ単に、私自身がその場で買いたい、欲しいと思ったから購入したのである。現にこれらのグッズは小田原、箱根、湯《ゆ》河原《がわら》の温泉旅館やカフェ、美術館などでも販売されている。立派な商品として認知されている証拠でもある。

ギフテッドと知事室

平塚市の「嬉々‼ＣＲＥＡＴＩＶＥ」は空き店舗をまるごと作業所兼展示スペースにしていた。いたる所に絵画作品が展示されているだけでなく、壁自体もキャンバスになっており、さらに、動物などの立体的なフィギュアもあちこちに置かれていて、まさに自由奔放。おもちゃ箱の中に迷い込んだような楽しい空間になっていた。

80人ほどいるアーティストの代表格の横溝さやかさんは、すでにプロとして活動していた。逗子《ずし》市の手作り絵本コンクールで最優秀賞を受賞し、文部科学省の「障害者の生涯学習推進スペシャルサポート大使」にも任命されていた。伊勢原市の大山詣りのＰＲポスターや湘南ひらつか七夕まつりのポスターなどにも彼女のデザインが採用され、新進気鋭のアーティストとして活動の場を拡げつつある。

競馬、牧場、テレビアニメの「世界名作劇場」が大好きだという彼女は、一つひとつのキャラクターを独自の世界観で丁寧に描いていく。一度にたくさんのキャラクターが同時に登場する作品は、彼女の十八番《おはこ》。知事室に飾らせていただいた作品は、赤レンガ倉庫前の風景。後ろには氷川《ひかわ》丸や県庁本庁舎（キング）、横浜税関（クイーン）、横浜市開港記念館（ジャック）のいわゆる横浜三塔が並び、その前の広場にはいろいろな姿かたちの大勢の人たちが描かれていた。

　知事室には常時、ともいきアートを飾ってある。県ではともいきアートリース事業者と契約して、毎月リース料を支払っている。このリース料が作業所の運営費と作者の工賃となる。それゆえ、ともいきアートの支援にもつながることから、知事室に面会に来られる皆さんに私はチラシを渡したりしながら、お勧めしている。

　3か月に一度、絵を差し替えに来てくれるが、その都度、作者と記念写真を撮ることにしている。みんな個性的な作品ばかりなので、絵が替わると知事室の雰囲気がガラリと変わるのが楽しい。

　横溝さんの絵が運び込まれた時は、知事室の秘書たちから歓声が上がった。幅1・8メートルほどの大きさがあり、色使いが鮮やかで、とにかく華やか。横溝さん自らが絵の説明をしてくれた。大きな筆を持った和服姿の女性はダウン症の書家、金澤翔子さん。ピアノを弾いているのは、盲目のピアニストの辻井伸行さんということだった。

　さまざまな人種や民族衣装に身を包んだ人たち、車いすの老人とそれを支える若い人、中華街の龍舞、アイドルグループ、崎陽軒の女性店員まで。まさに多様性あふれる横浜の表情が見事に描き出されていた。

　同じ「嬉々!!ＣＲＥＡＴＩＶＥ」の大野晋平さんの作品が知事室に持ち込まれた時は、私たちは不思議な感覚に陥った。乱暴に殴り書きをしたような力強い線と大胆な色使いはとても複雑なものだったが、彼はそれを全く同じに再現できるのだという。まるで暗号のような数字がビッシリと書き込まれていたが、すべて彼にとっては特別の意味があるものなのかもしれない。

　代表の北澤桃子さんと母親から話を聴けば聴くほど、大野さん自身が謎めいた人間に見えてきた。彼はこれまでのすべての記憶が残っているという。私の友人にも一人、そういう人物がいる。何年何月何日の晩御飯に何を食べたか、すべて覚えているのだという。これはまさにギフテッド、天才と言うべきではないのか。

私たちが大野さんの絵の素晴らしさを語り合っていると、彼は大きな声を上げて、椅子の上でジャンプを始めた。おそらくそれは彼なりに喜びを表現しているのだろうと思ったが、ほんとうは何かを伝えようとしているのかもしれないとも思えた。

彼は私たちが見えないものを見ていて、私たちには聞こえない声を聴いていて、いろんなことを感じているのかもしれない。もしかしたら、なんでこんなことが分からないんだろうといら立っているのかもしれない。そうだとすれば、彼にとって、障害者はむしろ私たちの方だ。彼の脳は科学的に分析・研究する価値があるのではないかと思った。

横溝さんと大野さんの作品は、本のカバーを取った表紙に描かれているので、ぜひ見ていただきたい。

〝普通〟の人になることが大事なのか？

私は毎日毎日、ともいきアートを見ながら執務をしているが、今やその魅力にすっかり魅せられてしまった。特に私が魅かれた最大の理由は、彼らのほとんどが絵の描き方などを正式に学んだことがないということにあった。

みんな自分の好きなように絵を描いたり、物を作ったりしているのだという。指導なくしてどうしてこれだけのアートが生み出せるのか。私の中の当たり前がここでもまた、音を立てて、崩れていくような感覚に陥ってしまった。

私はまず、自分自身のことを振り返ってみた。小学校の時に図画・工作の授業があって、教育の一環として絵を描いてきた。他の教科と同じように、先生の指導があり、絵とはこういう風に描くものなのだと教えられた。空は青、太陽は赤、森は緑、そのとおり、きちんと描ける子、そして、できるだけ実物に近い形で描ける子が絵のうまい子と評価され、通知表でも高い成績が与えられた。空を紫に塗る子は先生に叱られた。

そういう授業の中で、クラスの中には私より上手に描ける子がたくさんいたから、私はずっと自分は絵が下手なんだと思い込んでいた。おそらく、そのような体験から同じような感覚を持っている人は私だけでなく、たくさんいるのではないだろうか？　そんな中で、いっさい誰からも〝教育〟されることなしに、素晴らしいアートを生み出しているという現実をどう考えればいいのだろうか？

もしかしたら、私たち一人一人はもともと生まれながらにして、一人一人違う、個性溢れるアートの世界観、潜在的才能を持っていたのかもしれない。しかし、それを〝教育〟が破壊していったのではないだろうか。

そもそも教育とは何か？　一人一人がどうあるべきかから始まるのではなく、〝普通〟の人をたくさん作ることを目的として進められてきた作業だったのではないか？　異質を取り除き、平準化する。凄まじく尖った人の尖った部分をそぎ落とし、〝普通〟の人にする。

それは誰の目線での教育なのか？　必ずしも当事者目線に立った教育ではなか

ったのではないか。社会が平穏に動くためには、みんなが〝普通〟の人になることが大事、そのための教育だったのではないか。それは国を統治する側の目線ではないだろうか？

　ともいきアートは想像もしなかった大きなテーマに気づかせてくれたのであった。

5 直球の議論を形に

ともに生きる社会のために

事件の2か月半後、神奈川県は議会と一緒に「ともに生きる社会かながわ憲章」を策定した。二度とあのような事件を起こしてはならない、19名もの貴重ないのちが奪われた悲しみを力に変えて、共生社会を目指していこうという強い決意を示したものである。

一　私たちは、あたたかい心をもって、すべての人のいのちを大切にします
一　私たちは、誰もがその人らしく暮らすことのできる地域社会を実現します
一　私たちは、障がい者の社会への参加を妨げるあらゆる壁、いかなる偏見や差別も排除します
一　私たちは、この憲章の実現に向けて、県民総ぐるみで取り組みます

当初案では、「すべての人のいのちを」の代わりに「障害のある人もない人

も」という表現が入っていた。このフレーズは今も普通に使われることが多いが、私はずっと違和感を覚えていた。「障害のある人」と「障害のない人」を峻別する発想が私の中でしっくりこなかったからである。

もちろん、障害者手帳を持ち、公的に障害者として認定された人にはさまざまな面で優遇策があり、特別扱いされる。現に障害者専用駐車場などは当たり前の光景となっている。行政にとっては障害者を特別な括りにすることで、施策を進められるのであって、それを福祉行政と称するのである。そのこと自体、誰も異論を挟めるものではない。そのように、障害者手帳を持っている人と持っていない人という区別なら分かる。

しかし、それはあくまで行政側の目線であって、当事者の目線ではない。ちなみに私は障害者手帳を持っていないから、いわゆる〝障害者〟ではない。でも、極度の近視でコンタクトレンズやメガネがなければ、まともに街を歩くことさえできない。そういう意味からすれば、私もある種の障害者である。

そもそも「障害が全くない人」などいるのだろうか？　高齢になると、多くの人は耳が遠くなる、足腰が不自由になるなど、なんらかの症状が出てくるだろう。つまり、ほとんどの人はある種の障害者、その予備軍になるのである。

当事者目線に立てば、障害は程度の違いというべきなのではないだろうか。自分にもなんらかの障害があると気づけば、自分は健常者、誰かは障害者という考えは出てこなくなるはずだ。そのように障害を自分事として見る視点を持つこと、つまり一人一人が自分の内なる障害に目を向けることから、議論を始めれば、同じ人間としての共感も自ずと生まれてくるに違いない。

だから「障害のある人もない人も」という表現が残るようなら、私は何としても阻止しなければならないと思っていた。機会があれば自分の考えを猛烈にアピールするつもりでいた。しかし、結果的にそんな出番はなかった。

憲章策定の議論の中で、最終的には「障害のある人もない人も」は「すべての人のいのちを」という表現に変わっていた。私は議論の過程を詳細に把握しているわけではないが、いかに真剣に議論が行なわれたかが窺《うかが》えてうれしかった。

遺影も名前もない追悼式

事件から１年後の２０１７年７月24日、県と相模原市とかながわ共同会の共催により相模女子大学グリーンホールで追悼式が開かれ、約６７０人が参列した。塩崎厚労大臣も出席し、安倍総理大臣の追悼の辞を読み上げた。

その中で、被害にあった人々への哀悼の意を表すとともに「二度とこのような事件が繰り返されてはならない。誰もが自分の夢を持ち、自分の能力を発揮できる日本を皆様とめざし、政府を挙げて取り組んでいく」と政府の姿勢を表明した。白い花を基調に美しく飾られた祭壇ではあったが、どこにも19人の犠牲者の名前も遺影もなかった。「沖縄慰霊の日」でも、広島・長崎の「原爆の日」でも、どんなに多数の犠牲者であろうが、名前の分かった人の名前を刻み、追悼するのが〝当たり前〟である。19人の名前はほんとうは分かっているし、全員の顔写真もあるはずである。しかし、それを使うことはできないのだという。

世の中で〝当たり前〟のことがなぜできないのか？　ご遺族が反対していてできないのだという。ご遺族の中には自分の家族にそういう障害者がいること自体、周囲に秘密にしていた人もいるらしい。

私には植松死刑囚の高笑いが聞こえてくるような気がした。

「言ったとおりじゃないか。彼らは生きてる意味がないって。だから家族が名前も写真も出せないんだろう」

私は県の担当部局の職員にご遺族に丁寧に説明して同意を求めるよう何度も促した。一時は県独自の判断で、実名公表に踏み切ることすら考えた。しかし、ご遺族が「やめてほしい」と言ってることを無視してまで強行することはできなかった。

今はやむを得ない。それが現実なのだから。でも、時間が経てば少しずつ変わってくるに違いない。いや、変えていかなければならない。それこそ私たちが目指すべき共生社会なのではないか。いつか、19人の名前と顔を見ながら、〝普通に〟追悼できる日が来るように、私たちも努力していこう。私はそう心に誓って、次善の策を考えた。

漠然と「皆さん」と言って、19人総体みたいな捉え方は私としてはなんとしても避けたかった。実名は出せなくても、なんとかして一人一人を浮き彫りにしたかった。でも、Aさん、Bさんというような記号のような表現は使いたくなかった。名前を言わなくても、関係者には誰のことを言っているのか、分かるようにしたかった。

そのために、家族や傍にいた人たちに対して、本人が特定できるような具体的なエピソードの聞き取りを徹底的に行なうよう、県の担当部局の職員に指示した。

そして、追悼式の中で私は以下のような文章を朗読した。一人一人の「あなた」に思いを込めた。

「私は、本日の追悼式の開式に先立ち、ご参列くださったご遺族の皆様にお会いしました。そして、園の職員から、お亡くなりになった方々の様子をお聞きしました。

いろいろな個性を持った人生がそこにありました。

新年会で和太鼓演奏を楽しんでいたあなた
風邪を引かないよう気をつけていたあなた
寒い冬のラーメンを楽しみにしていたあなた
家族と一緒に美味しそうにお寿司を食べていたあなた
満開の桜の中で甘酒を楽しんでいたあなた
お天気がよい日の日向ぼっこが好きだったあなた
さくらんぼ狩りを楽しんでいたあなた
行事でご家族と一緒に美味しいお弁当を食べていたあなた
小学生と二人三脚をがんばったあなた

素敵な作品作りをしていたあなた
お母様から素敵な水着をもらって喜んでいたあなた
とても我慢強くて笑顔が素敵なあなた
ジャガイモ掘りをがんばっていたあなた
夜空を彩る花火を仲間と一緒に見上げていたあなた
盆踊りの炭坑節が好きだったあなた
家族からの誕生日プレゼントを楽しみにしていたあなた
お祭りの屋台が大好きだったあなた
大晦日の年越しそばを楽しみにしていたあなた
いつもご家族と新年を迎えていたあなた

あなた方のことを、私たちは決して忘れません。そして、この悲しみを大きな力に変えて、ともに生きる社会を実現していきます」

これに続いて「ともに生きる社会かながわ憲章」を朗読した。

私自身は犠牲になられた19人の方々を直接は存じ上げない。しかし、一人一人の思い出の具体的なエピソードを読み上げるうちに、一人一人の在りし日の姿が浮かんでくるようで、胸に熱いものが込み上げてくるのを禁じえなかった。

これ以降、毎年、事件のあった7月に追悼式を開催してきたが、この朗読が定番となった。事件から7年後の2023年追悼式でも同じ文章のままである。

ただ、この間、全く変化がなかったわけではない。事件から5年後、新しい津久井やまゆり園に設置した慰霊碑に、7人の名前が刻まれることとなった。そして、2023年にはそれが10人に増えた。

それなら、追悼式での挨拶で、せめて明らかになった人の名前だけでも読み上げようと思ったが、名前の出る人と出ない人がいるのが、際立ってしまい、ご遺族の心情を傷つけるとの判断から、従来通りとすることにした。事件から8年経過したが、未だに〝普通の〟弔辞を読み上げることはできないままである。

〝書〟という強力な応援

私たちはこの憲章の理念を広く、深く浸透させるために全力を尽くした。まずはダウン症の書家の金澤翔子さんに「ともに生きる」の書を書いてもらえないかと考えた。そして翔子さんと親しくされている敷田県議を通して依頼したところ、快く引き受けて下さった。

翔子さんは「ともに生きる」というメッセージを自ら象徴する存在であったがゆえに、我々は強力な応援団を得ることができ、意を強くした。ポスター、チラシに大きくこの書を掲示するとともに、Tシャツも作って、イベントの際などにスタッフが着て、憲章の理念の普及活動を行なった。

県庁の大会議場で、揮毫《きごう》も行なっていただいた。大きな筆にたっぷりと墨をしみこませ、丁寧に書き上げる姿には書家としての風格が漂っていた。翔子さんもダウン症だから、いわゆる〝障害者〟ではあるが、今や、誰も彼女のことを〝頑張っている障害者〟とは思わない。彼女が評価されているのは、障害者だからではない。彼女の書が素晴らしいからである。

かつて、ＮＨＫ大河ドラマ「平清盛」の題字を書いたのは彼女だったが、障害者が自らの障害を克服して書いた書だから採用されたのではない。視聴者にとって、書いた人がどんな人かは関係ない。大河ドラマにふさわしい書かどうかだけが判断基準だったはずである。

のちに、私たちは翔子さんに「ともに生きる社会かながわ応援大使（通称、ともいき大使）」就任をお願いした。それは彼女と母・泰子さんの歩みを記録したドキュメンタリー映画「共に生きる書家　金澤翔子」という作品を観たことがきっかけだった。

翔子さんがダウン症と知らされ、泰子さんは母子でいのちを絶とうとまで思いつめたこともあったそうだ。しかし、書家である泰子さんが翔子さんを書道の世界に導いたことから、少しずつ世界が開けてきた。祈りを込めて般若心経を一心不乱に書き続けるしかなかったというが、その中で徹底的に楷書の基礎を叩き込まれたことが書家としての翔子さんの才能を開花させていくことにつながっていった。

今の翔子さんは、泰子さんなしにはあり得ない。そんな素晴らしい親子の物語に深く感動した私は、すでに翔子さんには憲章普及のお手伝いをしていただいていたにも拘らず、あえて「ともいき大使」をお願いしたいと強く思ったのであった。

彼女は私たちの思いに共感して快諾してくれ、各地でのイベントなどにも積極的に参加して下さった。自ら街頭でチラシを配るまでしていただいたのには頭が下がる思いであった。

事件の起きた7月26日を含む1週間を「ともに生きる社会かながわ推進週間」として、重点的な広報活動も展開した。「ともに生きる」はなんとなく、見たことがあるが、「憲章」になっていることが伝わっていないかもしれない。そこで、クイズ形式のポスターも用意して、「憲章」を印象付けることにも努めた。県議会議員のみなさんも、早朝から駅前に立ち、チラシの配布などに取り組んでいただいた。

しかし、目標として掲げた認知度50％は高い壁であった。しかも、津久井やまゆり園事件から歳月が経つにつれ、人々の記憶からだんだんと薄れていくのはやむを得なかった。決して風化させてはならない。それは私たち全員の強い思いであった。だからこそ、議会とともに憲章をまとめあげて、広報活動を続けているのである。

ただ、それだけではいつか風化の波に飲み込まれてしまうのは避けられそうにない。それを防ぐためには普遍的な新たな形が必要だった。そのために私たちができる有効な手段の一つが「条例」の制定であった。「神奈川県当事者目線の障害福祉推進条例～ともに生きる社会を目指して～」の制定に向けて、歩みだすことにしたのであった。

天から降り注いだ歴史的宣言

２０２１年7月の津久井やまゆり園の建て替え完了の開所式に続いて、横浜の芹が谷やまゆり園も11月16日に開所式を迎えた。紆余曲折はあったものの、ハード面ではなんとか再スタートすることができた。建物自体はすべて個室で地域移行を前提とした小規模分散型になっていて、かつての大規模施設とは全く様相が違ったものになっていた。しかも、新築であるから、見た目も美しく、見学者からもため息の出るような施設にはなった。

しかし、ここで行なわれる支援の質が根本的に変わらなければ、何の意味もない。新たなスタートに際して、これから私たちがどんな障害福祉を目指していくのか、強烈なメッセージを「当事者目線の障がい福祉実現宣言」として発信しておくべきだということとなった。

それは条例の根本理念につながるような宣言であり、アメリカ独立宣言のように福祉の歴史に残るようなメッセージであることが期待された。知事の読み上げる文章は県庁の担当職員がまずは原案を作り、それを基に私が加筆修正するという場合が多いが、今回はあえて、私が一人で宣言文を作成することとした。

たいへんなプレッシャーを感じながら、私の頭の中では四六時中、文案を練る作業が続いていた。ある朝の5時過ぎ、夢うつつの中、突然次々と言葉が浮かんできた。私はそのまま起き上がり、ただちにデスクに向かい、その言葉を書き留めた。宣言文はこうして、まさに天から降り注いでくるようにして出来上がったのである。

開所式での冒頭の挨拶などが一段落した後、私はみんなの前に出て朗読した。

『当事者目線の障がい福祉実現宣言～あなたの心の声に耳を傾け、お互いの心が輝くことを目指します』

　私たちは、津久井やまゆり園事件のような悲惨な事件を二度と起こさないために、これまでの障がい福祉のあり方を根本的に見直し、「当事者目線の障がい福祉」に大転換することを誓います。

　それは「あなたの心の声に耳を傾け、お互いの心が輝くことを目指す障がい福祉」です。私たちは「虐待」は絶対に認めません。強度の行動障がいの方に対して、周りの人や自分を傷つけるから、音や光などに過敏に反応し過ぎるから、長時間、部屋に閉じ込めておく、車いすに縛り付けておく、安全安心のためにはやむをえないということで、これまではそんな支援が当たり前のように行なわれていました。

　しかし、それは明らかに「虐待」です。時代は大きく変わり、法律も変わりました。「虐待」の定義も変わりました。それにも関わらず、現場では同じような支援、すなわち「虐待」が続いていたのです。

それは県立施設においても例外ではありませんでした。県として、障がい者のみなさんに対して、心からお詫びいたします。そんな支援を続けていた事業者は、みんな反省し、支援のあり方を変えなければならないと私たちは思います。

「虐待」は絶対に許されることではありません。あなたは障がい者であるまえに、人間です。人間だからこそ、一人の人間として尊重されるのは当然の権利です。

私たちは部屋に閉じ込められている当事者ご本人の目線に立って考えます。なぜ、あなたは周りの人や自分を傷つけるような行動をしてしまうのでしょうか。もしかしたら、あなたは自分の気持ちをうまく表せないだけかもしれません。自分の気持ちを聞いて欲しいと訴えているに違いないと考えて接すれば、全然違ったサポートができるはずです。

私たちはそんなあなたの心の声に一生懸命、耳を傾けます。あなたの思いを受け止め、工夫をしながらサポートします。そうすればきっとあなたは安心してくれるに違いない。それが私たちにとっても大きな喜びにつながるはずです。それがお互いの心が輝く障がい福祉です。

施設はあなたが地域の仲間たちとのつながりの中で暮らしていけるよう、一緒に考え、みんなで支え、準備をする場です。一生そこで過ごしていただく場ではありません。あなたは自分の住む場所を自分で決めることができます。

かつて、周りの人を傷つけるからという理由で、ずっと部屋に閉じ込められていた人が、「当事者目線の支援」を受けることになったことで、生き生きと働けるようになっていました。

支援のあり方によって、こんなに変わるんだ。それは希望の光でした。こういう支援が拡がっていけば、必ずや、「当事者目線の障がい福祉」は実現できるに違いないと、私たちは確信しました。

どんな障がいがあっても、支えあい、愛と思いやりにあふれ、みんなのいのちが輝く、「ともに生きる社会」を実現するべく全力を尽くすことを障がい当事者、福祉関係者、そしてすべての県民の皆様に誓います。

令和3年11月16日　神奈川県知事　黒岩祐治

知事になって以来、人前でスピーチをしたり、演説をしたりする機会は山のようにあった。しかし、この時ほど、自分の気持ちが入ったことはなかっただろう。朗読し終えた私はすべてのエネルギーを放出し終えて、倒れ込むようにして自席に戻った。

県の本気度を見える化

条例制定を目指す動きがいよいよ本格化した。実は知事に就任して以来、私自身が主導する条例を制定する作業に入るのはこれが初めてであった。知事によっては条例作りにこだわりを持つ人もいるが、私はそうではなかった。条例制定には当然のことながら、議会との議論を経る必要があり、かなりの時間と県庁職員の膨大な労力が求められる。私はむしろスピード感にこだわってきたため、その時々の課題に即座に対応するさまざまな「宣言」を発してきた。

「かながわプラごみゼロ宣言」「イクボス宣言」「かながわ気候非常事態宣言」

「我がまちツマミde乾杯宣言」「マイエコ10宣言」「キャッシュレス都市《シティ》KANAGAWA宣言」「かながわAED宣言」などなどである。

しかし、当事者目線の障害福祉だけは、条例制定が不可欠だと考えた。私がいつまでも知事を続けていくということはありえない。知事である間は目を光らせていくつもりだが、私がいなくなった後は、保証のかぎりではない。

今では議会の大半も当事者目線の障害福祉に理解を示してくれるようになったが、長年の膿《うみ》が溜まった障害福祉の世界がそう簡単に変わるとは思えない。「当事者目線の障がい福祉実現宣言」だけでは心もとない。

知事が代わった途端に、宣言が形骸化し、旧態依然たる現場が続いていくことだってありえない話ではない。そうならないよう、議会としっかりと議論を重ね、議決を経た上で、条例という形で明文化しなければならないと強く思ったのである。

「当事者目線の障がい福祉実現宣言」の5か月前、２０２１年6月に条例制定を目指して、「当事者目線の障がい福祉に係る将来展望検討委員会」をスタートさせた。委員長には元厚生労働事務次官の蒲原基道さんを迎え、津久井やまゆり園の支援検証委員会の佐藤彰一さんと大塚晃さん、「てらん広場」の大川貴志統括所長、それに知的障害当事者の小西勉さん、奈良﨑真弓さん、冨田祐さんらに参加していただいた。障害福祉の将来像を議論する上で、最高のメンバーと言えるだろう。特に知的障害当事者が3人もメンバーに入っていただいたことは画期的であった。

このような委員会では、知事は初回の冒頭に出席して短い挨拶を行ない、後は報告書がまとまった段階でそれを受け取るセレモニーに再び参加するのが通例であった。1回の審議時間は3時間と長時間に及ぶものであったが、私は翌年の3月に報告書が取りまとめられるまで10回の審議すべて、合計30時間出席し、すべての議論をノートにとり、毎回、最後に感想を述べた。

委員会の中でしばしば発言が出たのは、「県の本気度」であった。たとえ条例を作ったとしても、県が本気でそれを推進させる固い決意と実行力がなければ、すぐに形骸化してしまい、意味をなさなくなる。そうならないよう、「県の本気度」が見える化していなければならない。

そのために私はこの委員会に必ず出席し、議論に主体的に参加したのであった。

私は一学生に戻ったような感覚で一人一人の声に耳を傾けながら、多くのことを学ぶことができた。それは私だけでなく、県庁職員も同じであったと思う。

あるべき将来像からの逆算

この委員会ではまずは20年後の神奈川県の障害福祉のあるべき将来像を設定した上で、そこから逆算して、行政、事業者、県民らはどう取り組んでいくべきかを議論していった。

その目指すべき将来像とは「『ともに生きる社会かながわ憲章』の理念が当たり前になるほど浸透し、本人の意思決定を踏まえた、その人らしい生活を支える当事者目線のサービス基盤の整備が進んだいのち輝く地域共生社会」であった。

そんな社会が実現した際に、そもそも県立施設というものが必要なのかどうかという根本的な問いかけから議論を始めた。これまでは民間では支援が難しい重度の障害者を受け入れるのが県立施設だと思われてきた。現に津久井やまゆり園には民間の施設に入所を断られ続けてようやく辿り着いたという利用者がたくさんいた。

私がかながわ共同会の指定管理を見直すという発言をした際に、猛烈に反発した家族たちの多くはそんな辛い体験をしてきた人たちだった。かながわ共同会だけが引き受けてくれたのに、それを止めさせられたら自分の子供は行く場がないとの切羽詰まった思いだった。確かにそれが現実なのだろう。

しかし、現状のままだと重度障害者である利用者はその後に行く場がなく、施設は必然的に〝終の棲家〟にならざるをえない。重度障害者には地域生活移行は無理だと決めつけていることにほかならない。

しかも、障害者の親たちの中には自分が死んだ後のことを考えた時に、重い障害を持つ子供の面倒を生涯看てくれる施設の方が安心だと思う人も少なくない。それは施設が子供の〝終の棲家〟となることを親が望んでいるということになる。

「本当に、グループホーム等で看取りまで対応できるのか」

「行動に課題のある人や医療的なケアが必要な人などは、入所施設の整った設備や職員配置でなければ対応が困難なのではないか」
「『施設解体』と唱えたところで、高齢の障害者など、地域生活移行できない人、できたとしても戻ってくる人がいるのではないか」
など、親の目線からの不安の声は根強く存在する。

しかし、当事者目線に立てば、施設の中で生涯過ごしたいと思う障害当事者はほとんどいないだろう。国連の「障害者権利条約」でも地域生活移行は目指すべき目標として明確に位置づけられている。施設はあくまで利用者の自立を支援する場であって、支援の中身も一人一人が自立して生活できるようにしていくものでなければならない。

そんな中で、私たちは「てらん広場」で起きた奇跡とも言える支援を目の当たりにすることができた。県立施設で長時間の居室施錠など、〝虐待〟を受けていた松田さん、平野さん、吉田さんは、もしそのまま津久井やまゆり園にいれば、生涯をそこで過ごすしかなかったのではないか。植松死刑囚の基準からすれば、意思疎通のできない人間として殺傷の対象にされていたかもしれない。

それが今は全員、民間の「てらん広場」に移って、いきいきと働くようになっているのである。「重度障害者の支援は民間には無理だ」というのは単なる思い込みに過ぎないことが証明されたと言っていいだろう。

委員会では県立施設の在り方が大きなテーマになった。

居場所と友達

２００４年当時、宮城県知事だった浅野史郎さんが、「普通の生活は施設の中にはない。地域にしかない」と、コロニーと呼ばれた３００人規模の大規模施設を解体し、４８５人の入所者全員を地域生活に移行させるなど、大規模施設を解体し、地域生活移行を進める大方針を打ち出した。

それは、厚生労働省で障害福祉課長としてグループホーム制度創設などを手掛けた障害福祉専門家の浅野さんだからできた大改革だと、当時は時代の流れを先取りするものとして専門家の間で絶賛された。

しかし、施設存続を願う家族など反発の声に押される形で、わずか2年後、知事が交代したのを契機に方針は全面撤回された。そして、３００人規模の施設が建設され、施設は解体されるどころか、建て替えによって再スタートを切ることになってしまった。結局、大規模施設解体・地域生活移行は幻に終わったのである。

我々の将来展望委員会ではこういったかつての経緯も踏まえた上での議論となった。そこで施設そのものを全否定するのではなく、施設は地域移行を前提とした通過型にするという点が明確に打ち出された。

しかも、「地域生活移行」という言葉に対して、実に深い議論が行なわれた。それをリードしたのは障害当事者の委員であった。

専門家同士の議論になると、しばしば言葉が上滑りしていく危険性があることも思い知らされた。奈良崎さんなどは議論の最中でもいきなり「質問」と書かれた札を掲げて、「今の言葉、分かりません」と問いかけてくる。その都度、分かりやすい言葉を探して議論が仕切り直しとなるのだった。

「地域生活移行」という言葉も、専門家にとっては当たり前の言葉になっていて、その言葉自体をあえて掘り下げることもあまりなかったかもしれない。ピープルファースト横浜の小西さんはいつも事前に発言内容を紙に書いて持参し、それを読み上げることから議論を始めるが、「地域生活移行」に関しての彼の発言は、障害当事者ならではの目線を感じさせるものだった。

「自分が欲しいのは、居場所です。
一人で美術館やお城に行くことが好きです。
一人で写真を撮る事も好きです。
自分の欲しい居場所には、友達が必要です。
職場の同僚との外出は楽しいです。
初めて同僚と行った野球観戦が今でも忘れられません。
仲間たちにも居場所が必要です。
そこには友達の存在も大切です。
時には友達に疲れることもあるけど。

いないと寂しくなることもあります。福祉サービスだけじゃないことを社会に理解してもらいたい。こういう事が暮らしに必要なんじゃないかなと思います」

「居場所」と「友達」が地域での暮らしに必要だとの指摘は、地域生活移行、地域での生活とはいったい何を指すのか、みんなが深く考えるきっかけとなった。

つまり、施設を出て、グループホームなり、一人暮らしなりをしたとしても、生活の場が施設でなくなったというだけであって、それだけでは意味がない。地域に自分の居場所があり、友達がいてこそ、地域が暮らしの場になるというのである。

すかさず、冨田さんは「挨拶が大事」と言う。「魚屋で魚を買う時にもね、『おはよう、冨田さん、今日は元気ですか？』って言ってくれる。それが嬉しいんですよ」

まさに当事者ならではのリアリティである。地域生活移行を実現していくためには、地域との触れ合い、住民の理解が大前提だということである。先ごろ、横浜でグループホーム建設を巡って、地元住民が反対し、断念に追い込まれたというニュースがあったが、「ともに生きる社会」を現実にするためには、乗り越えなければならないハードルはまだまだたくさんあるようだ。

結局、委員会としては施設の在り方について次のような提言がまとめられた。

まず、旧来の保護収容型の入所施設は解消を目指し、時期を区切った上で、地域での生活が可能となるよう自立訓練のみを行なう通過型とすること。

そして、県立施設については、規模を縮小の上、民間移譲も視野に入れた検討を行なう（ただし、県として求められる臨床研究的役割、人材育成は別途検討を進める）というものであった。

かつて、宮城県で「施設解体」と高らかに宣言したことに比べると、一見地味に見えるかもしれないが、私は真の意味で障害福祉の世界に新たな地平を切り拓くきっかけとなる内容になったと思う。

むしろ、あの時の〝失敗〟を踏まえた上での提言になっていると言うべきであろう。つまり歴史に学んだ提言であって、それだけ重みのある内容になっていると私は評価している。これも障害当事者を含め、徹底的に当事者目線にこだわり、丁寧に積み重ねてきた議論の上での結論だったからこそである。

障害当事者と一緒に議論

小西さんが将来展望委員会でいつも読み上げる文章には、まるで詩のような美しい響きがあり、しかも彼の思いがしっかりと伝わってくるので、みんな真剣に耳を傾けていた。

「かながわ憲章はそのまま読むと言葉の意味が難しいです。8月2日に黒岩知事と当事者のシンポジウムを行ないました。シンポジウムでかながわ憲章は難しいと意見をしました。その時、黒岩知事はいのち輝くという言葉を使って、分かりやすく答えてくれました。

黒岩知事が言ういのち輝くはイメージができました。

黒岩知事の言葉でもっと発信をしてほしいです。

僕のやりたいことを押してくれる人、気持ちをわかってくれる人がいれば、僕はいのちが輝きます。

施設で暮らす仲間たちのいのちも輝いてほしいです。

やまゆり園事件が起きて、かながわ憲章ができました。

でも、今も虐待は無くなりません。

新しい憲章やルールが必要です。その時は僕たちの気持ちを聞いてください。

よろしくお願いします」


「5年前、県に『なかまの声を聴いてください』という要望書を持っていきました。

当時は『親の意見を聞いている』と言われ、門前払いでした。

今はこうやって伝える場があってとても嬉しいです。こうして自分の意見が中間報告に入っていることも嬉しいです。

難しいことをみんなでやり遂げると、身近に感じます。

自分も変わりましたが、周りの職員も変わったと思います。

大変ですけど、自信になります。

他の仲間もどんどん思いを伝えてもらいたいです。

住む場所が嫌なら変えたいと言えば良いのに、嫌な事は嫌と言えばいいのに、夢や希望、要望を語れたらいいのに」


　こういった当事者の生の声を交えた議論は、専門家同士だけの議論では絶対に気づかない視点を与えてくれる。私は委員会でのすべての発言に耳を傾けてきたが、ただの一度もトンチンカンな意見や意味がよく分からない発言を聞いたことはなかった。むしろ、本質をズバリついてきて、ハッとさせられることが多かった。

　しかも、専門家の発言を障害当事者がじかに聞いているため、委員全員は常に当事者目線を意識して発言するようになる。私は障害当事者と一緒に議論を進めることは、障害福祉の問題だけでなく、あらゆる議論の場で必要ではないかと思うようになった。

社会的障壁と合理的な配慮

将来展望委員会の議論も大詰めを迎え、条例案の作成も順調に進んでいた時、奈良﨑さんが突然、「条例の文章なんて私たちには何を言ってるのか、さっぱり分かりません。私たちにも分かるような文章にして下さい」と大きな声で発言した。彼女の発言はいつも直球であり、率直な思いをそのまま語ってくれる。

委員会の議論も「条例ができるのがゴールであってはならない、それを実効性あるものにしていくことが県には求められている」と繰り返し強調されていたため、奈良﨑さんの指摘は見事に的を射たものであった。

確かに条例の文章は私たちが見ても、難解で無味乾燥で読みにくい。一般県民は報道を通じて、要するにどういう条例なのかを知るのであって、実際に条例の原文そのものをしっかり読み込む人はほとんどいないだろう。そんな作業をするのは、県庁職員の担当者か弁護士か研究者くらいではないだろうか。

そこで、奈良﨑さんの提案を受けて、「条例のわかりやすい版」を作ろうということになった。これは当事者目線の障害福祉を推進する条例にふさわしい挑戦だと私は思った。そして、その「わかりやすい版」は障害当事者のみなさんに作ってもらうことにした。

奈良﨑さんを含む障害当事者委員３人がメンバーとなり、膨大な作業に取り組んでいただいた。３か月間に７回もワーキンググループを開き、プロジェクターやホワイトボードを使って、どのような言葉を使えばみんなが読めるかを話し合ったという。

しかも、彼女たちは、「要約されたものではなく、条文をしっかり読みたい」ということにこだわり、一つ一つの言葉を分かりやすい言葉に置き換えていった。

たとえば、

「県の責務」は「県がすること」

「障害者の権利擁護」は「障害のある人の権利を守ること」
「人材の確保、育成」は「障害福祉の仕事をする人を増やして、育てること」
などである。

確かにわかりやすい言葉になっていた。なるほど、こういう言葉にすればわかるのかということを私たちが知ることができたことの意味も大きい。

しかも、「社会的障壁」や「合理的な配慮」など、障害当事者にも知っておいてほしいと彼女たちが思う言葉は、あえて言い換えはしないで、言葉の意味を説明することにしたという。

そして、「当事者と一緒に考えた　みんなで読める　神奈川県当事者目線の障害福祉推進条例～ともに生きる社会を目指して～」という「わかりやすい版」が完成した。可愛いイラストが随所にちりばめられていて、すべての漢字にはふりがながふられていた。わかりやすいだけでなく、読みやすい内容になっていた。

参考として実際に条例の原文と「わかりやすい版」を比べてみると、彼女たちの思いが伝わってくるようだ。

◆社会的障壁の除去

第14条　県は、その事務又は事業を行うに当たり、障害者から現に社会的障壁（障害がある者にとって日常生活又は社会生活を営む上で障壁となるような社会における事物、制度、慣行、観念その他一切のものをいう。以下同じ。）の除去を必要としている旨の意思の表明がない場合においても、その意思を推知することができるときで、社会的障壁の除去についてその実施に伴う負担が過重でないときは、合理的な配慮を行うよう努めるものとする。

確かに条例の原文は難解だ。これが「わかりやすい版」だと次のようになっている。

◆障害《しょうがい》のある人《ひと》の生活《せいかつ》しづらいことや困《こま》ったことをなくすこと

（1）　障害《しょうがい》のある人《ひと》から、生活《せいかつ》しづらいことや困《こま》ったことがあると言《い》われなくても、神奈川県《かながわけん》は負担《ふたん》が大《おお》きすぎないときには、合理的《ごうりてき》な配慮《はいりょ》をする努力《どりょく》をします。

となっていて、その後に言葉の説明が添えられている。

合理的《ごうりてき》な配慮《はいりょ》……障害《しょうがい》のある人《ひと》が生活《せいかつ》しづらいことや困《こま》ったことがあるときに、周《まわ》りの人《ひと》が工夫《くふう》をして、生活《せいかつ》しやすくすることです。

政治生命をかけた若手県議

結局、２０２２年10月14日、「神奈川県当事者目線の障害福祉推進条例～ともに生きる社会を目指して～」は全会一致で成立した。

ただ、成立まですんなりと進んでいったわけではなかった。最後の最後でどんでん返しすらありうる厳しい状況であった。

一連の議論の中で、B県議は終始、徹底的に私への攻撃を続けてきた。福祉の専門家を自任する彼は、議論が拙速だと主張し、先延ばししようと躍起になった。

会派の大勢は条例賛成の流れができている中ではあったが、一人、強硬姿勢を貫こうとしていた。

百戦錬磨のベテラン県議がそこまで大きな声を上げて抵抗すると、それを突破することは通常は容易なことではない。しかし、この時ばかりは違った。条例の趣旨に賛同し、熱い情熱を持って、成立を目指した一部の有志県議たちが中心となってその声を抑え込んだ。

彼らは大先輩の強硬な意見に全く臆することなく、真っ向から立ち向かい、ついに成立への流れを決定づけた。「政治生命をかけた闘いだった」と彼ら自身が振り返るが、県議会の中でも歴史的な出来事だったのではないか。

３年前の12月５日、私が津久井やまゆり園のかながわ共同会の指定管理見直しについて発言して以来、一時は議会から総攻撃を受け、四面楚歌に追い込まれたことを思うと、実に感慨深いものがあった。

すべては、ピープルファーストジャパンのメンバー約４５０人が県庁を訪れて、障害当事者自らが声を上げ、アクションを起こしたところから流れが変わったのだった。彼らが動いたからこそ、議会も劇的に変化したのである。

成立した条例も障害当事者とともに作ったものであった。２０２２年10月21日、条例は公布された。そして、その際、ほぼ同時に「わかりやすい版」もお披露目することができた。私は一つの区切りをつけることができたとホッとした。

しかし、私たちは決してゴールに辿り着いたわけではなかった。さらなる〝虐待〟事案に取り組まなければならなかった。

「肛門にナットが入っていた」

耳を疑うような〝虐待〟事案が新たに明るみに出た。しかも、その舞台は県立中井やまゆり園であった。津久井やまゆり園で起きていたさまざまな不適切な支援は指定管理者であるかながわ共同会によるものだった。我々はかながわ共同会に対して、厳しい態度で臨んできた。

しかし、中井やまゆり園は県の直営の施設であった。県庁職員が直接、支援していた施設でいったい何が起きていたのか？　まさに身を切る改革の始まりであった。

6 異例の人事と再出発

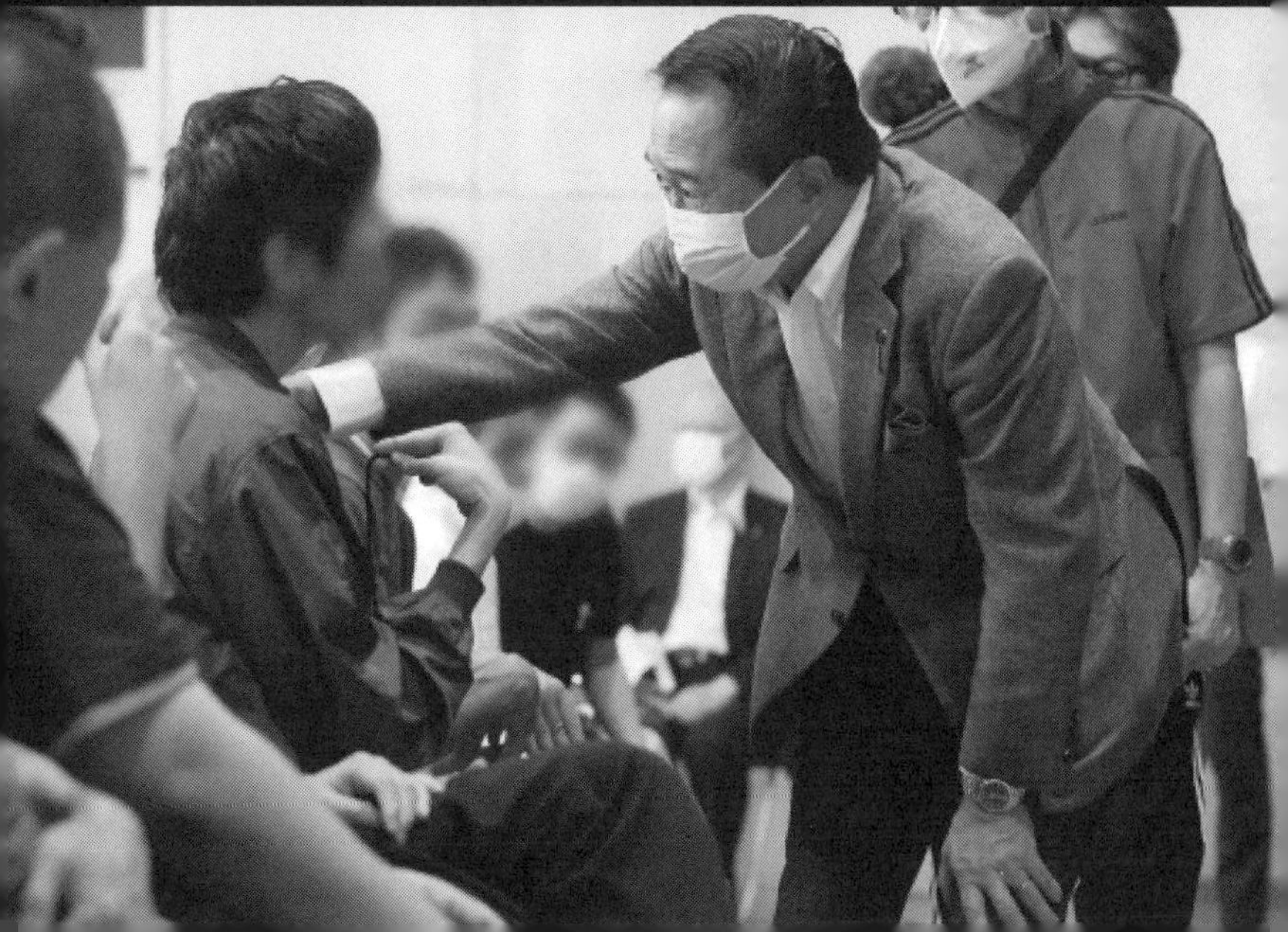

県直営施設に溜まった膿

津久井やまゆり園事件をテーマにした「月」という映画の中に、天井が便まみれになっている部屋の中で、利用者が生活している衝撃的なシーンがある。誰しもこんなことはあり得ない、映画だから大袈裟に演出しているだけだろうと思うだろう。しかし、これはまぎれもない事実だった。ただ、違ったのはその現場は「津久井やまゆり園」ではなく、県直営の「中井やまゆり園」だった。

これだけではなかった。中井やまゆり園利用者支援外部調査委員会の報告書（２０２２年９月）によると、「肛門に金属製のナットが入っていた」という、俄《にわ》かにはイメージすることすらできない出来事が実際に起きていた。しかし、確認された当日、病院に搬送することもなく、上司に報告することもなかったという。

また、便秘気味の利用者に対し、食事の際にオリゴ糖シロップを多くの料理に大量に添加し、他の職員にも同じようにするよう強く要請していた。さすがに疑問に思った上司から適正な量を検討するよう打診されたが、これも断ったという。

これらを含め、「虐待が疑われる事案」として25件が列挙されていた。

「早く食え、早くしろと利用者の隣で言い続ける等したとされる事案」

「共用スペースであるデイルームで、利用者を全裸にしてボディチェックを行なっていたとされる事案」

「脱衣場で服を脱がない利用者をふろ場に入れて、服を着たままシャワーをかけたとされる事案」

「数百回に及ぶ回数のスクワット等の不適切な運動プログラムをさせたとされる事案」

「利用者が起きてから寝るまで、廊下を歩かせ続けたとされる事案」

すべて言葉を失うような不適切な内容であった。

県にとってこんな恥ずべき事案は、県庁内で密かに解決の道を探ろうという力学が働かないともかぎらない。しかし、そんなことになれば、こういった不適切な支援が延々と続いていくことになるだろう。それだけは絶対に避けなければならない。それゆえ、あえて私は「この際、徹底的に膿を出そう」と、調査委員会の立ち上げ時からずっと号令をかけ続けた。

　とはいえ、正直言って、ここまで膿が溜まっているとは、私の想像を超えていた。当初、不適切な支援が二十数件あると報告を受けていたが、最終的には91件にも上った。ただ、これだけ生の情報が表面化してきたのは、改革への第一歩と前向きにとらえるべきだと考えることにした。

　報告書では調査結果に対し、次のような考察が示されていた。

「人権意識の大きな欠如が生じている。（そのため）利用者が人間らしい生活を送れなくなっており、支援職員も利用者を人間として見られなくなっている状況である。不適切な行為の多くは、支援職員の何らかの当たりどころのない不安・不満などが、結果として、支援職員の利用者への不適切な行為となっていると思われる。その行為や、行なった職員、それを確認した職員の行動すべてが、非常に稚拙な心性のなか、行なわれている。ある意味、あまりに幼稚である」

　残虐な事件の舞台となった津久井やまゆり園の指定管理者であったかながわ共同会の支援の在り方に対して、県として厳しい目を向け、その改革を迫っている中、足元の県直営施設で明らかになった数々の不適切な支援の実態。我々はそれをどう受け止めるべきなのか、それはあまりにも重い課題であった。

ほとんどの県庁職員は真面目で、実直で、丁寧に仕事をしていると私は思う。しかも、私は折に触れ、県庁職員や地方公務員を志望する学生たちに対し、公務員の仕事とは、県民のいのちを生み、育み、守り、支え、輝かせることであり、いのちに向き合う崇高な職業だと話してきた。

そんな県庁職員が、「人権意識の欠如」「利用者を人間として見られなくなっている」と指摘され、「あまりに幼稚である」と断罪されたのである。私が受けた衝撃は計り知れない。真面目だったはずの県庁職員が何ゆえに人の心を失っていったのか？　県庁職員がこの状況であるならば、他の施設の本当の実態はどうなのか？

ただ、それだからこそ、新しい障害福祉の在り方を創っていく上で、中井やまゆり園を抜本的に改革できるかどうかが最重要課題になった。

虐待の日常化

私はこういった事態が表面化する前の２０２１年10月に中井やまゆり園を視察していた。その折にはまさか、こんな〝虐待〟が日常化している世界だとは夢にも思わなかった。当時は職員の解説に納得し、彼らの〝頑張り〟に感心していたのであった。

ある薄暗い部屋に24時間、閉じ込められている利用者がいた。それを隣の部屋のモニターでずっと見ている職員がいた。何をしているのかと聞いたところ、その職員は説明してくれた。

「あの利用者さんは刺激に過敏に反応するんです。光が基本的にダメなので、光がほとんどないお部屋に入っていただいています。今は、食後のコーヒーを飲んでいるところですが、彼は飲み終わった瞬間にそれを片付けないと暴れるんです。ですから、コーヒーをいつ飲み終わるかをウォッチングしているんです」

私は職員がそんなたいへんな労力と根気のいる仕事をしていることに驚くとともに、彼らには頭の下がる思いがしていた。自分たちの仕事ぶりを解説する本人も、労を惜しまず、〝最先端の福祉〟を実践しているという誇りに満ちているように思えた。実際に、このようなやり方はかつては障害福祉の最先端のモデルとして注目され、見学者も来ていたという。

しかし、「てらん広場」の大川さんは言う。

「刺激のない世界なんて、そもそもこの世の中のどこにもありませんよ。刺激が苦手だからといって、それをいっさい遮断し、特別な空間を作り出していたとしたら、その人は一般社会の生活を永遠に始めることはできませんよね」

確かに言われてみればそのとおりである。しかし、彼を部屋の外に出したら、おそらく嫌がって収拾がつかないくらい大暴れすることになるのだろう。利用者によかれと思って、職員もこのような過剰な支援を継続しているに違いない。刺激に馴れるようにしていく方法というのはあるのだろうか。

大川さんは自信たっぷりに語った。

「大丈夫ですよ。ちゃんと説明して、ご本人に理解して納得してもらえば、絶対にできるはずです」

次に、施設内で作業している現場を見た。ビーズをひたすら糸に通す作業をやっていた。それは何かの製品を作るのではなく、糸に通し終えたら、崩し、また、最初から糸に通す作業を繰り返すというのである。職員は利用者に作業する時間を与えていることを得意げに語った。

しかし、その作業にいったい何の意味があるのだろうか。作業をする利用者に笑顔はなかった。これは時間潰し以外のなにものでもないだろう。石を積んでは崩される、「賽《さい》の河原」のエピソードを思い出すような現場だった。大川さんは言う。

「利用者さんに暇潰しのようなことをさせているのは、職員がその時間、解放されたいというだけのことです。我々は通常、自宅を出て通勤場所に行って仕事をするのが当たり前になっています。しかし、すべての日常がこの狭い施設の中で完結するとしたら、耐えられますか？」

大川さんの指摘はすべて当事者目線に立ったものだった。施設内におけるこういった作業が当事者にとってどんな思いがするものなのかは、これまであまり重視されてこなかったに違いない。

24時間居室施錠が行なわれている利用者さんの部屋も見学した。この部屋に凶暴性ゆえに外へ出せない利用者さんがいると言われ、私は部屋の扉の窓から中を覗いてみた。しかし、部屋に人の姿を確認することはできなかった。

「いないじゃないですか」

「いや、いるんですよ」

そう言って、職員は扉を開けた。すると、扉の真下に身体全体を硬くして、じっと冷たい床に転がっているFさんという30代前半の女性がいた。外に出たくて、いつも扉の真下にいるのだそうだ。しかも、その部屋の中には家具も椅子もテーブルもいっさいなかった。それは部屋というより、檻だった。とても人間の住む環境ではなかった。動物園の動物以下の扱いだった。

「彼女は凶暴性があって、物があるとすべて壊してしまうので、何も置けないんです」

凶暴性があるといっても、筋骨隆々というわけではない、むしろ華奢《きやしや》な女性で、職員が太刀打ちできないような力持ちにはとても見えなかった。

申し開きの余地はない

調査報告書では県本庁の責任も厳しく指摘された。

「県本庁は、こうした状況を適切に指導・修正の基礎となるはずの施設監査等を行う際において、現場を十分に見ることはなかった状況も重大な問題である」

かながわ共同会が指定管理者となっていた津久井やまゆり園において、不適切な支援が続いていたことに対して、我々はそれをチェックできていなかった県の責任は重大であると認め、謝罪していた。ましてや、県直営の中井やまゆり園での不適切な支援に関しては、申し開きの余地もなかった。

そこで、県は「適切な措置を講じなかった」などとして園長を減給10分の1（3か月）とする懲戒処分を発表した。そのほか、虐待に関わったとして職員7

人、監督責任として県の局長ら15人を訓戒や厳重注意とした。そして、私自身も給料を10分の３（１か月）減額する条例案を議会に提出し、副知事も給料の一部自主返納を決めた。

現場への処分が軽すぎるのではないかとの批判の声もあった。しかし、現場での利用者支援を止めるわけにはいかない。ただ単に現場の職員たちに厳罰を科せばいいというものではなかった。スタッフをいきなり総入れ替えするわけにもいかない。それよりも未来を向いて、今の職員を中心に、ともに進んでいかなければならない。それらを総合的に考慮して決めた処分であった。

２０２３年５月、外部有識者で構成される支援改革プロジェクトチームにより、中井やまゆり園の改革の指針となる「当事者目線の支援改革プログラム」がまとめられた。そこでは、中井やまゆり園における支援の最大の問題は、「地域社会から断絶された環境の中で、行動障害への対症療法的な対応によって、利用者の人間性や人柄を読み取ることがおろそかになっていた」と指摘された。

そして具体的にはどんな問題があるのか、それをどうすべきかについて、詳細に記されていた。

「職員が当事者の目線に立って、自分事として当事者の人生に伴走できていない」

「業務の簡略化、財政の効率化のもと、掃除・洗濯・食事作りなど、暮らしを作る活動を業務委託した結果、利用者から暮らしを奪い、文化、余暇活動の機会も奪われ、利用者が暮らしの主体者ではなくなった」

「利用者が一人でいられること（職員にとって手がかからないこと）を自立と考え、現場職員は利用者と関わる場面が減り、また、利用者への共感ができる場面もなくなり、利用者が孤立した」

いずれも重く、厳しい指摘であった。そして、組織の在り方についても言及された。

「自分には関係ないと割り切ってしまう文化や縦割り意識がまだ強く、担当職員とその他の職員、寮と日中活動、園内の多職種がうまく機能していないため、今後は横のつながりを意識した取組をすべきである」

こういった課題をいかにして克服していくか、我々は具体的に何をすべきなのかが問われていた。何よりも大事なことは中井やまゆり園の支援の在り方を抜本的に改革して、「当事者目線の障害福祉」に転換させ、それを定着させていくことである。中井やまゆり園を改革できるかどうかが、「当事者目線の障害福祉推進条例～ともに生きる社会を目指して～」が絵に描いた餅に終わるかどうかを測るバロメーターになるに違いない。我々もその本気度を示す必要があった。

その思いは県本庁の職員自身の中でも徐々に共有されつつあった。私は意識的にあえて彼らの過去を責め立てないことを心掛けた。彼ら自身が〝断罪〟されている中で、彼らが過度に萎縮してしまえば、改革に向けて動き出すことはできない。

抜本的改革のための異例人事

私は本庁の担当部局の職員たちに具体的アクションを求めた。目に見える形で改革の進捗ぶりを示す必要があった。局として、県立障害者施設指導担当の吉田課長を中井やまゆり園に常駐させることにした。県本庁の幹部職員が現場に常駐し、改革の先頭に立つというのは異例のことであった。

彼はもともと福祉専門職ではなかったが、ネクタイ・スーツを赤いジャージに着替え、現場の職員の中に飛び込んでいったのであった。現場に溶け込むための彼なりの決意を表したものだったようだ。

調査委員会から「人権意識の大きな欠如」と断ぜられた現場職員の意識改革は容易なことではなかった。現場の職員からすれば、「福祉の専門でもないくせにいきなりやってきて何を言ってるんだ」と反発されることは承知の上での行動であった。

彼はまず職員との対話から始めた。そして、県が目指す「当事者目線の障害福祉」とはこれまでの支援とどう違うのか、丁寧な説明を繰り返した。さらに利用者一人一人との対話も進めていった。

実際にはたいへんな思いもたくさんしたに違いないが、吉田課長は不平不満を口にすることはなかった。そういった彼の強い思いに私は心を打たれ、２０２３

年６月、彼を園長に任命した。本庁の事務職員が園長になるというのは、県庁の中でも珍しい人事だった。

とはいえ、彼一人で、新たなムーブメントを起こすことなどできるはずもない。そこで、複数の本庁職員を園に常駐させるとともに、民間の支援改善アドバイザー３名、地域共生コーディネーター１名を配置し、「てらん広場」の大川さん自身にも目を光らせてもらいながら支援の抜本的改革に取り組んだ。

それだけでなく、不適切な支援が行なわれないよう、これまで二つの寮に12台だった共用スペースの見守りカメラをすべての寮に拡大し、76台に増設することを決めた。映像の保存期間も21日から１年へと大幅に延長した。見えないところで起きる〝虐待〟を見逃さないためには、抑止効果も期待できる見守りカメラは、もはやなくてはならぬ重要なツールであった。

２０２３年７月、具体的にどのように取り組んでいくべきなのかについて、「当事者目線の支援アクションプラン」として取りまとめた。県本庁と園が一体となって「利用者一人一人の当事者目線に立って、利用者が主体となれるよう人生を支援する」「障がい当事者が街の中で当たり前に暮らせる地域共生社会を目指し、取組を進める」ことを理念として掲げ、実践に入った。

県は小田急線秦野《はだの》駅前に「らっかせい」という活動拠点を設置した。利用者はこの「らっかせい」で手帳の解体・分別・牛乳パックの解体などの作業を行なうことにした。そういった作業なら園内でもできるはずだが、あえて、園からわざわざバスに乗って、「らっかせい」まで通うようにしたのである。

一見、移動時間が無駄に見えるが、そうではない。とにかく施設から外へ出ることに大きな意味がある。利用者にしてみれば、移動のプロセスそのものも地域での生活のための予行演習になるのである。

コロナ禍の中、在宅勤務も珍しくなくなったが、交通機関を利用して自宅から職場まで移動し、そこで仕事をするというのが、誰にとっても普通のことである。そんな普通のことを体験することが地域生活移行を目指す障害者にとってはなにより重要なのである。

天気の良い日には周辺への散歩や花壇の手入れ、公園の清掃など地域との関わりを持てる取り組みも積極的に行なった。街の清掃活動には地元の郵便局の職員も協力して下さった。

このように街の中で活動を行なうことには大きな意味がある。これまでご縁のなかった街の人から、「ご苦労様」「いつもありがとうね」などと声をかけられるようになる。園の中にずっとこもっていたのでは、あり得ない体験である。それは利用者にとっても、職員にとっても嬉しいことである。自分は地域の役に立っているんだという自信を持つきっかけにもなる。こうしたことが重なって、自然と地域住民の皆さんとの交流や会話も生まれることになっていくのである。

さらに、中井町にある農家に協力いただき、農作業をする機会も生まれた。まさに農業と福祉を連携させる〝農福連携〟の実践である。園の中で、時間潰しのような意味のない作業を延々とさせられていた利用者にとっては、働く喜びを実感できる作業となった。雑草を抜いたり、水撒きをしたりして、大事に育てた野菜を収穫する時、利用者は園の中では見せなかった笑顔を見せるのであった。

このような園の改革についてテレビの取材を受けた際に、吉田園長は次のように答えていた。
「一つ一つ行動を起こしながら、そのたびに振り返って自分たちが何をするのかというのを繰り返しながら、だんだんと職員の間にもアクションプランの意味や目指しているものが浸透していくのではないかと思いながら、日々、実践しています」

　何もない部屋にずっと閉じ込められ、扉の真下で身体を硬くしてうずくまっていたあのＦさんにも劇的な変化が起きていた。

　アクションプランを実践する前に、大川さんは彼女を「てらん広場」に招いて、1泊してもらった。彼女はほんとうに部屋に閉じ込めておくしか手がないのかを調べるためだった。

　次の日、ハロウィンパーティーが開かれたが、私はその際の映像を見て驚いた。なんと、彼女はみんなと一緒にソファーに座り、穏やかな表情でパーティーを静かに楽しんでいたのであった。そこには凶暴性のかけらもなかった。

　私以上に驚いたのは中井やまゆり園の職員だった。そこで、恐る恐るではあったが、同じように彼女にも施設の外に出てもらうことにした。部屋から出せない状況で、ましてや施設外などはあり得ないと職員たちは信じ切っていた。しかし、実際には拍子抜けするくらい、Ｆさんの施設外での行動に問題は生じなかった。それどころか、他の障害者の車いすを得意げな顔をしながら押している姿には、みんな感動した。

これをきっかけとして、Ｆさんが終日、部屋に閉じ込められていることはなくなった。絶対にできないと思われていたことができたことで、職員の意識も大きく変わり始めた。中井やまゆり園の支援は、確実に、目に見える形で進んでいることは明らかであった。

吉田園長は言う。

「究極の目標としては、アクションプランに書かれている『当事者目線の障害福祉』はこうあるべきだというのが、我々にとって、当たり前のことになっていく。そこまでになるように実践していきたいですね」

施設から一歩外へ

２０２３年８月、ＮＨＫのＥテレで「鍵をあける　虐待からの再出発」というドキュメンタリー番組が放送された。津久井やまゆり園事件から一連の流れをずっと取材し続けてきた久保ディレクターにより、中井やまゆり園でどのようにして改革が進められているのか、そのプロセスを丁寧に描いた渾身のドキュメンタリー番組だった。

そこで、中心に描かれたのが「ひろし（仮名）君」だった。私も会ったことがあったが、部屋に閉じ込められているというより、むしろ、自分で部屋に中から鍵をかけて、こもりきりになっていた。そして、他人を全く寄せ付けようとしなかった。食事をする際も部屋から出ようとせず、部屋の前に食事を運ぶと、部屋から一瞬出てきて、すぐに部屋に戻ってしまうのが常だった。

ただ、気に食わないことがあると、パニックになり、いきなり廊下に走り出てきて職員につかみかかる。会話よりも先に手が出てしまうという、職員が最も手を焼いている利用者だった。

12歳までは自宅にいたが、その後は精神科病院などで隔離や身体拘束をされるようになり、3年前の20歳の時に中井やまゆり園に来たという。そんな彼がパニックを起こし、職員につかみかかってきた時の様子が克明に映像で記録されていた。暴れるひろし君をみんなで押さえて、大川さんと菅野園長（吉田園長の前任者）がやさしく丁寧に語りかけた。

「部屋に一人でいてつらかっただろう。うまくいかなくて」

「つらかったね。これから俺たちと一緒に頑張るんだよ」

「もう絶対、一人にしないから」

最初は激しく抵抗していたひろし君であったが、やさしい言葉の響きが通じたのだろうか、だんだん表情が落ち着いてきた。そして、最後はスタッフみんなと握手をして部屋に戻っていったのだった。

大川さんはインタビューに以下のように答えていた。

「彼はもがき苦しんでいて、（パニックを起こすのも）『どうしていいか分からない』と表現していたと思うんですよね。（我々が語りかけることによって）次第に身を委ねてきましたよね。ホントにすべてを委ねてきているような感覚でしたね。（最後は）安心しきっていましたね。鍵をされた空間ではなくて、外へ出してもらうことによって、職員も今まで見えなかった（彼の）一面に触れることができたわけです。次はこうしたいっていう職員の思いと利用者さんの思いが見えてくるんですね」

翌日、彼は職員の勧めに応じて、「らっかせい」に出かけ、手帳解体の作業をしたのだった。施設外に出かけて作業ができるとは、誰にも想像できないことだった。

「人間に生まれたくなかった」とは

菅野園長が人事異動で他の施設に移ることになった。そして、ひろし君の元にお別れの挨拶に行ったのだが、その時、新しく赴任することになっている吉田園長に対して、彼は明確な拒絶反応を示したのであった。

「明日、新しく吉田園長が来るけど、話すの嫌なんだ」

ひろし君にしてみれば、菅野園長の元でようやく新たな自分を見いだせたと思った矢先に、園長が交代するということを受け入れられなかったのだろう。

案の定、翌日、吉田新園長が部屋を訪れた際、中から鍵をかけて、出てこようとしなかった。ただ、以前のひろし君だったら、そのままずっと部屋から出てこなかっただろう。ところが、しばらく説得を続けたところ、自分で鍵を開けて、吉田園長らが部屋に入ることを許してくれたのだった。吉田園長はひろし君に話しかけた。そこで、彼が発したのは意外な言葉だった。

「俺の人生おしまいだ」

「人間に生まれたくなかった」

あまりに強い表現に吉田園長も驚いた。それだけひろし君の絶望は強かったということなんだろうか？

それにしても「人間に生まれたくなかった」とは、なかなか出てくる言葉ではない。哲学的ともいえる表現がさらりと出てくるのは、私にはむしろ彼の知性を物語っているように思えてならなかった。実は彼の記憶力は抜群なのだそうだ。ありとあらゆる記憶が残っていて、それが逆に彼の生きづらさにつながっているという。

その日からしばらくして、吉田園長と大川さんは会議室でひろし君と向き合った。大川さんはかみしめるように語りかけた。

「（人間に生まれたくなかったなんて）ああいう気持ちにさせてしまったことを本当に申し訳なく思っています。人間に生まれてきてよかったと思えるようになる。たいへんかもしれないけど、本当になれると思っています。やり直そうよ。少なくとも僕は応援するから。傷つけて申し訳ないと思っている。やりなおそうよ」

ひろし君はいちいち頷きながら、静かに聴いていた。大川さんの言葉をそのまま受け入れようとしているようにも見えた。しかし、彼は一言つぶやいた。

「それならなんであの時、僕を押さえようとしたんですか？」

彼の記憶力がいかにいいかを物語るシーンであった。大川さんも一瞬、たじろぎながら答えた。

「じっくり話したいと思ったから。あの時、ひろし君はみんなをたたこうとしていたけれど、本当はたたきたくなかったんじゃないかって思ってね。でも、お話しできてよかったよね」

かつて、自分の部屋に閉じこもっていて、部屋を出た途端にパニックになり、職員につかみかかっていた凶暴なひろし君と、このような対話ができるようになると想像した職員は、当時は一人もいなかったのではないか。まさに障害当事者の目線、すなわちひろし君の目線に立って考え、対話を進めれば、心を開いて対話も可能になることを教えてくれた。ひろし君は今、施設を出て一人暮らしすることを目指し始めたという。

希望の光

このように、確実に目に見える形で中井やまゆり園の改革は進んでいった。それはＮＨＫの番組においても映像とともに見える化されたわけであり、私は議会に対しても自信を持って報告していた。

ところが、そんな中、この同じ中井やまゆり園で新たな虐待事案が発覚した。60代の女性入所者が自室内の簡易トイレで排泄していたところ、女性職員二人が食事と服薬をさせたという。この女性は数日前から体調不良で、寝ていることが多く、前日夜から食事が取れていなかったため、トイレに座ったのを見て「今なら食事を取ってもらえる」と考えたのだという。

外部の目も入り、園全体で大改革が進行中の現場でもこういうことが起きたのである。

職員本人に悪意はなかったのかもしれないが、排泄中に食事をさせられることで当事者をどんな気持ちにさせてしまうのか、想像すらできていなかったのは明らかである。「当事者目線の障害福祉」と言いながら、職員の意識改革がいかに困難なことか、思い知らされる事案であった。

注目が集まっている県直営の施設でさえこの状態である。逆に注目が集まっている施設だからこそ、これまで見えていなかった虐待事案が明らかになってきていると見るべきなのかもしれない。相当、根の深い問題だと言わざるをえない。

はたして我々はゴールに辿り着けるのだろうか？　先が見えるようで見えない闘いが延々と続き、我々も何度も自信を失ってしまいそうになった。

しかし、当事者目線の障害福祉への流れを絶対に止めるわけにはいかない。歯を食いしばっても、前進しつづけなければならない。

そんな中、我々は強力なリーダーを新しい園長として招き入れることができた。元星槎《せいさ》大学学長の井上一氏である。星槎大学とは故宮澤保夫氏が一代で作り上げた星槎グループの一つであり、井上氏はその宮澤氏の一番弟子という存在だった。

宮澤氏は横浜で生徒二人から始めた私塾を、瞬く間に幼稚園から大学院まで、フリースクールなども含めた全国的な巨大な学校グループに育て上げた立志伝中の人物であった。私も親しくお付き合いさせていただいていたが、体中から情熱がほとばしり出てくるようなまさに熱血漢という言葉がぴったりな人物であった。どんな困難も乗り越えていく、むしろ逆境になればなるほど燃え上がるタイプだった。その後継者であり、最も宮澤氏の信頼の厚かった井上氏が園長を引き受けてくれるというのである。

彼自身は障害者支援や教育の専門家ではないが、私は最適任だと思った。星槎学園の掲げる宮澤イズムは「人を認める」「人を排除しない」「仲間を作る」であった。これはそのまま当事者目線の障害福祉につながる哲学であると感じていたからである。

中井やまゆり園はいわゆる世間の常識が通用しない特異な空間になってしまっている。それゆえ、障害福祉の専門家でない井上氏ならではの視点に期待したいと思った。

我々にとっては希望の光であった。

7

「ごちゃ混ぜ」で暮らせる街

知的障害者は知恵遅れなのか？

金澤翔子さんの個展を訪れた際、母親の泰子さんからある作品について不思議な話を聴いた。

「大哉心乎」（大いなるかな、心や）

これは京都・建仁寺を開山した栄西禅師の言葉で、「人の心は本来自由で大らかである」という意味である。力強い筆の運びで書かれた翔子さんらしい書だったが、翔子さんの作品としては珍しく、字の配置がアンバランスに見えた。

右から「大」「哉」「心」「乎」と書かれているのだが、「心」の字が上がりすぎていて、「哉」と「心」の下に不思議な空間があった。翔子さんを書の世界に導いた、師でもある泰子さんも違和感を覚えていたという。

ところが、ある高名な禅僧がその作品の前で立ち止まり、「これは凄い作品だ」とおっしゃったという。禅問答によると、この「大哉心乎」の文言には「仏」という字が隠れているのだそうだ。「大哉仏心乎」が本来の意味であり、禅の悟りの境地に達した人物にはその「仏」が見えるのだという。

「翔子さんには仏さまが見えておられる」とその禅僧は作品に手を合わせられたとのことだった。そのエピソードを教えてくれた泰子さんは次のように語った。

「翔子には私たちが見えないものが見えているのかもしれないって、その時、ほんとうにそう思いましたね」

障害者との直接対話を徹底的に重ねてきた私にとって、このエピソードは心に刺さるものだった。我々が普通に使っている「障害者」とは、そもそも何を意味する言葉なのか？　彼らと直接のコミュニケーションを取れば取るほど、私にはわからなくなってきていた。

「障害者」と言われている人の中に、「天才」という言葉にふさわしいと思う人もたくさん見てきた。「ともいきアート」の作者たちの中に私が感じる「天才」はたくさんいた。

先に触れた「ともいきアート」の大野晋平さんはこれまでのありとあらゆる記憶が残っていて、暗号のような文字を書き続けるアーティストだったが、金澤翔子さんのように、我々が見えていない、聞こえていないものを感じ取っているのではないかとも思えた。

　要するに、「障害者」と我々が呼んでいる人たちは、我々がイメージしている「普通」とはどこか「違う」というだけなのではないだろうか。それは「劣っている」ということではない。「違う」だけであって、決して「劣っている」わけではない。

　しかし、知的障害者は「知恵遅れ」だと思っている人は少なくないだろう。「知恵遅れ」すなわち、頭脳の働きが「劣っている」、それが可哀そうな「障害者」なんだというのが、一般的な解釈なのではないか。

「知恵遅れと言われて、ずっと嫌な思いをしてきました」と、知的障害者団体のピープルファーストのメンバーも語っていた。

　おそらく、そういった既成概念にとらわれた福祉施策がこれまでずっと行なわれてきたのではなかったか。その根本を変えなければ、新たなステージに辿り着くことはできないだろう。

「普通」の人に育てる教育は正解か？

「サヴァン症候群」という言葉がある。厚生労働省の健康情報サイトにも紹介されているが、「重度の精神障害・知的障害を持つ人に見られる、ごく限られた特定の分野において突出した能力を発揮する人や、その症状のこと」なのだという。１８８７年に、イギリスの医師、ジョン・ラングドン・ダウン博士により「イディオ・サヴァン（天才的白痴）」と名付けられ、のち「サヴァン症候群」と呼ばれるようになったのだそうだ。

「膨大な書籍を１回読むだけですべて暗記できる」

「一度聞いただけの曲を最後まで間違えずに弾ける」

「航空写真を一瞬見ただけで描き起こせる」

など、並外れて高い能力を持っているが、それ以外の学習能力は劣っているのが特徴で、自閉スペクトラム症（ＡＳＤ）の人に多く見られるという。映画「レインマン」は、ダスティン・ホフマンがサヴァン症候群を演じた作品だった。

歴史を振り返る時、その時代時代に現れる「天才」によって、人類は発展してきたと言えるだろう。ピタゴラス、アルキメデス、ダ・ヴィンチ、モーツァルト、ダーウィン、アインシュタイン、ピカソなど、歴史に名を残す「天才」たちの多くは、もしかしたら、ある種の障害者だったのかもしれない。

障害者がみんな天才であるはずはないが、けた外れの天才が障害者の中にいることだけは間違いない。脳の科学的研究がもっと進めば、障害者と天才の関係も解明されてくるだろう。

モーツァルト暗殺説をモチーフにした演劇「アマデウス」に出てくるモーツァルトは、多動性で、礼儀知らずで、軽薄な若者として描かれていた。宮廷楽長サリエリはこんなへらへらした若者に、自分にはない天賦の才を神は与えたのかと嘆き、嫉妬して暗殺するという物語である。

「天才」の奇行が伝えられることも多いが、いわゆる「普通」でない人が少なくないのではないか。我々はなにげなく「普通」という言葉を使うが、何をもって

「普通」と言っているのだろうか？「普通」の人って、要するにどういう人のことをイメージしているのだろうか？

人と会話ができて、読み書きができて、計算ができて、一般常識を知っていて、礼儀をわきまえていて、人がいやがることはしない……。私たちが受けてきた教育はまさにこうした「普通」の人に育てあげるための教育だった。

「普通」の人にするためには、普通じゃない部分を矯正することも必要になるかもしれない。本来、人の才能は多面的であるはずである。何か一つだけ才能が突出しているという子供もいるだろう。しかし、それを伸ばすということよりも、突出した部分を摘み取って平準化していき、みんなだいたい同じように「普通」の人になるよう育てていくことが重視されてきたのではなかったか？

「普通」の人ばかりの社会に浸っていると、「普通」じゃない人と付き合うことは極力、避けたくなる。障害当事者は「普通」じゃない人と見られることが多いだろう。生まれてからずっと重度の知的障害者を見たこともなく育ってきた人にとっては、彼らとどう接すればいいのか、見当がつかないのかもしれない。

こういった社会である限り、真の意味での「ともに生きる社会」を作るのは難しいのではないだろうか。

「ごちゃ混ぜ」で暮らせる社会に

県議会と一緒に「ともに生きる社会かながわ憲章」を作った。「当事者目線の障がい福祉実現宣言」も行なった。「当事者目線の障害福祉推進条例～ともに生きる社会を目指して～」も作った。そして、それらを形にするために人材を集め、全力を尽くしてきた。現場に変化は起きつつある。しかし、未だに現場での「虐待」事案はなくならない。

それは何故なのか？　やはり、社会の在り方そのものを根本的に変えていくしかないのではないか。問題が起きたところに局所的に対応していても、追いつかないように思えてならない。そもそも、みんなが「普通」を目指すことが当たり前だという考え方を見直していかなければならないのではないだろうか。「普通」じゃない人が特別な存在ではない社会をみんなで目指していくしかないのではないか。そんな思いに駆られた私にピッタリなキーワードを見つけた。それは「ごちゃ混ぜ」であった。

「当事者目線の障がい福祉に係る将来展望検討委員会」の中で、オブザーバーとしてリモート参加された石川県白山《はくさん》市の社会福祉法人佛子《ぶっし》園《えん》の雄谷良成理事長が使った言葉だった。佛子園が２０１４年3月に開設した日本版ＣＣＲＣ（Continuing Care Retirement Community）である「Share 金沢」のコンセプトは、「高齢者も若者も子供も障害者も『ごちゃ混ぜ』で暮らせる街」である。

約１万１０００坪の敷地の中に、サービス付き高齢者向け住宅、知的障害児童の入所施設、アトリエ付き学生向け住宅があり、さらにレストラン、ライブハウス付きカフェバー、キッチンスタジオ、農園、全天候型グラウンド、訪問介護・高齢者デイサービス、天然温泉など、さまざまな施設が揃っている。

日本版ＣＣＲＣは「生涯活躍の街」と定義づけられていて、高齢者の移住先というイメージが強いが、ここではそうではない。

もともとは、僧侶だった雄谷理事長の祖父が、寺で戦災孤児や障害児を引き取っていたが、１９６０年に知的障害児の入所施設として法人の認可を受けた。それから半世紀が経ち、施設の老朽化に伴い、移転して作ったのが、「Share金沢」であった。そこを、障害児だけでなく、いろいろな世代のありとあらゆる人たちが、まさに「ごちゃ混ぜ」に暮らす街にしていったというのである。

「WAVE＋」というウェブマガジンのインタビューで雄谷理事長は次のように答えている。

「知的障害の子はたまに大声を出したりするので、近所の人は最初のうちは『あの子、落ち着きがないけど大丈夫なの？』と心配顔で言うんですが、それが当たり前になってくると元気で天真爛漫な彼らを見ていると元気になると笑顔で言うんですよ。

そういう意味では障害のある人でも認知症の高齢者でも、誰もが『そこにいる』ということだけで役割を果たせるんです。何かができるという能力的なことじゃなくて存在自体が非常に社会の役に立つと考えれば、みんなが楽しく幸せに暮らせると思うんですね」

「ともに生きる社会」を作っていくためには、やはり、いろんな人が「ごちゃ混ぜ」にいる状況になっていることが必要なのではないか。そもそも、どんな人と「ともに生きていく」のかさえ分からない中で、「ともに生きる社会」という言葉の持つ意味を分かることは不可能に近いような気がする。

だからこそ、「ごちゃ混ぜ」社会が「Share金沢」のような特別な空間の中だけに存在するのではなく、社会全体で目指すべき方向なのではないだろうか？

特別支援学校は分離教育?!

私自身、津久井やまゆり園事件が起きてから初めて、知的障害当事者の皆さんとの直接の対話を経験した。それまでの私は、重度の知的障害の人とコミュニケーションを取ることができるなんて想像すらできなかったし、自分から取ろうと努力したこともなかった。

私が育った環境には身近に重度の障害者はいなかった。街で見かけることはあっても、「可哀そうな人だなあ」「家族はたいへんそうだなあ」と思って、遠くから見つめているだけであった。まさに他人事。私こそ「ごちゃ混ぜ」でない社会に生まれ、育ってきたのだった。

そんな私が今、「ごちゃ混ぜ社会」を目指すべきと提言しているのは、自らの過去を反省しているからである。障害当事者のみなさんと徹底して積み重ねてきた対話が私自身を変えた。「可哀そうな人だなあ」という感覚こそ分断の思想であって、「ごちゃ混ぜ社会」の対極なんだと気づかされたのであった。

しかし、いきなり「ごちゃ混ぜ社会」にしようとしたら、社会は混乱するに違いない。私のような、身近に重度の障害者を見たこともなく、彼らと触れ合ったこともなく育った人間が、成人してから障害当事者に向き合えば、やはり最初は特別な存在として身構えてしまうのが普通だろう。私もそうだった。ただ、私の場合はたまたまの出会いがきっかけで、彼らと対話できることを知り、変わることができた。

本来はなるべく幼い頃から、「ごちゃ混ぜ」が当たり前の社会で暮らすことが必要なのではないか。家族に障害当事者がいる人は自然とそういう環境で育つから、「ごちゃ混ぜ」にも違和感を持たないだろう。

しかし、現実には、障害児だけを集めて特別な教育を行なう特別支援学校を希望する親御さんたちが多いのが悩ましいところだ。特別支援学校は教員も多く配置されていて、一人一人に対して手厚い支援が行なわれる。親御さんたちが希望するのもうなずけるが、これは「ごちゃ混ぜ」とは真逆の〝分離教育〟である。

親御さんたちにとっては安全安心でその方がいいとしても、障害児の当事者たちの目線からすればほんとうにそれでいいのだろうか？　ほんとうは特別支援学校ではなく、みんなと一緒に普通のクラスで学びたいと思っている子供たちもたくさんいるに違いない。

誰ひとり取り残さない

神奈川県ではすべての子供が一緒に学べる「インクルーシブ教育」を推進してきた。知的障害のある生徒も一緒に学べる高校として、18校（令和6年現在）をインクルーシブ教育実践推進校に指定している。現時点で、おそらく神奈川県は全国の中でインクルーシブ教育が最も進んでいると言っていいだろう。

さらに、２０２４年３月、県教育委員会は海老名市教育委員会と、障害に拘らず、希望するすべての子供が地域の小中学校でともに学べる「フルインクルーシブ教育」の実現を目指す協定を結んだ。もともと海老名市教育委員会は「ともに認め合うまち・海老名宣言」を作成し、教育大綱にも「誰ひとり取り残さない教育」を掲げてきたインクルーシブ教育先進都市だった。神奈川県はフルインクルーシブ教育の実現に向けて、海老名市とともに具体的な歩みを始めたのである。

私はForbes JAPANのインタビューに「本音は特別支援学校をやめていきたい」

と答えた。そして、インクルーシブ教育を進めていくべきとの方向性を示した。もちろん特別支援学校をただちにやめると言ったわけではなく、親御さんが求める気持ちもわかるということも含めて答えたつもりであった。

しかし、ネット上には、障害児の親や、特別支援学校の教員らから「性善説に基づく机上の空論としか思えない」「現実を知らないからそんな酷いことが言える」と批判の書き込みが殺到した。情け容赦ない批判の嵐に、「ごちゃ混ぜ社会」を作ることがいかに難しいか、改めて思い知らされた。

障害者の権利を保障するための国際条約である「障害者権利条約」が２００６年に国連で採択され、日本も２０１４年に批准している。その中には、「あらゆる段階におけるインクルーシブな教育制度を締約国は確保する」と規定されている。日本政府もこの条約を批准している以上、インクルーシブ教育を目指していかなければならないはずである。文部科学省も基本的にはその方向性を打ち出してはいるものの、インクルーシブ教育が広まっている気配はない。

だからこそ、私は神奈川県から新たな流れを作っていくことに大きな意義があると考えている。分離教育が続く限り、真の「ともいき社会」は作れない。生まれた時から、周りにはいろんな障害を持った人や、いわゆる〝普通〟じゃない多様な個性の人たちが普通にいて、みんな「ごちゃ混ぜ」になっている社会。それが当たり前になれば、差別の思想なんて生まれてこないのではないだろうか？

津久井やまゆり園事件から始まった私自身の長い闘いの歴史。なぜ、あんな残虐な事件が「いのち輝く」を標榜《ひょうぼう》する神奈川県で起きてしまったのか。それを自ら追求し続ける中で、私自身、何度も間違った判断をしてきた。自らの障害福祉への無知も露呈してしまった。

そんな中、障害当事者のみなさんが私を導いて、育ててくれた。政策判断に修正に修正を重ねる歳月だった。それは知事としてはみっともないプロセスの連続だった。しかし、できる限り、そのプロセスを包み隠さず、恥も晒しながら、この本の中で明らかにしてきたつもりだ。

今、確かに県の障害福祉は変わり始めた点があることは間違いない。向かうべき方向は見えてきた気がする。ただ、根は深い。少しでも気を緩めると、形状記憶合金のように、元の形に戻ってしまうだろう。事件当時、植松死刑囚に共感する人間がいたように、私たちの心の奥底に〝植松的な自分〟が潜んでいるかもしれない。

しかし、「当事者目線の障害福祉」が当たり前になる時代を我々は何としても作っていかなければならない。後世、あの「津久井やまゆり園事件」のあった神奈川から障害福祉は当事者目線に変わったと言われたい。

そのために、「ごちゃ混ぜ社会」は必要だ。むしろ、前提と言ってもいいだろう。

「ともいき社会」は「ごちゃ混ぜ」から。

共感してくれる人を一人でも増やしながら、さらなる闘いを続けていきたい。

おわりに

私は神奈川県知事を３期で終わりにしようと決めていた。３期12年で自分なりにやり切った感はあったし、同じ人間が知事職を長くやり続けるデメリットを感じる県民も少なからずいるのではないかとも思っていた。

津久井やまゆり園事件から始まった障害福祉の在り方をめぐる議論では、紆余曲折はあったものの、なんとか「神奈川県当事者目線の障害福祉推進条例〜ともに生きる社会を目指して〜」を制定するところまでこぎつけた。これを実際の形にしていく作業はたいへんだろうが、後の人に委ねてもいいだろうと思っていた。ただ、自分としては県知事という立場でなくとも、なんらかの形でこの作業には関わっていくつもりだった。

私はもともと自分から知事になりたいと思ってなったわけではなかった。キャスターという仕事が好きだったし、キャスター、ジャーナリストとして生涯を全うしようと思っていた。それが２０１１年３月２日、突然の出馬要請によって人生が変わった。

その前日、３選目が確実視されていた松沢成文前知事が突然、神奈川県知事ではなく、東京都知事選挙への立候補の意向を表明した。告示日が3月24日に迫る中、すでに引退を表明していた石原慎太郎知事の〝後継〟を自任しての立候補表明だった。

私はジャーナリストの立場から、都知事選挙がどうなるか、興味津々で見守っていた。そんな私がいきなり神奈川県知事選挙への出馬要請を受けたのだった。猛烈なアタックだったが、私はイエスとは言わず、なんとか断ろうとしていた。

そんな矢先の3月11日、東日本大震災が起きたのだった。私はキャスターとして救急救命士誕生に結び付いた救急医療キャンペーンから始まって、ずっと「いのち」についてこだわり続けてきた。そんな自分がこんな時に、９００万人を超える神奈川県民のいのちを預かる知事に請われていることは天命だと思った。私は意を固め、立候補を表明し、そして、神奈川県知事に就任したのだった。

急に立場が変わったが、私にとっては自分が知事であろうがなかろうが、やりたいことは同じだった。それは「いのち」へのこだわりである。だから、知事という職をなにがなんでも続けたいという気持ちは全くなかった。３期12年もやれば、務めは十分に果たせたのではないかと思っていた。

任期は２０２３年４月までだったから、６月には海外旅行の予定を具体的に組んでいた。前年の９月頃以降、さまざまな方面から４期目への出馬を求める声をいただいていたが、私の思いは変わらなかった。しかし、私の決意を変えたのは、障害当事者からの訴えだった。

10月の記者会見で、来春の４期目の立候補の意思を質問された時、本当の自分の気持ちは固まってはいたものの、「今は白紙」と答えた。それが小さな新聞記事になった途端、すぐに反応したのはピープルファーストの小西さんだった。小西さんはいつものように事前に書いた紙を持って、知事室にやってきた。そして、私の目の前で読み上げた。

「黒岩知事へ

先日の報道で４期目を白紙と知りました。

条例も決まり、これからだと思っています。
中井をはじめとする県立施設の改革も進んでいません。
今の状況で知事が抜けると、みんな鍵の中へ戻ることになります。
条例案は通ったけど、これからが大変です。
課題は次から次へ波打ってやってくるので、当事者だけでは受け止められません。
黒岩さん・県の皆さんのバックアップが必要です。

２０２２年10月22日からの２日間、
北海道でピープルファーストの全国大会がありました。
その中で一番関心が強かったのは、
津久井やまゆり園事件や中井やまゆり園での虐待についてでした。
平野くん、吉田くん、松田さんの３人も参加して話をしました。

3人の成長をみんなが喜んでいました。
条例ができることも応援してくれました。
全国のみんなが神奈川県のこれからの取り組みに期待しています。
知事と当事者目線の障害福祉を作り上げられることを楽しみにしています。
また、教育の問題も残っています。

神奈川県の取り組みが全国につながっていきます。
これからもリーダーシップをとってもらわないと困ります。
今の段階でやめるなんて言わないでください。

信頼できる職員が、僕たちの前からたくさん去っていきました。
それと同じように、ここまで知事とつくりあげてきたことがなくなってしまうのではないかと心配です。

黒岩さん、４期目もお願いします。
これからの４年で僕たちと一緒に希望をつくり出してください。
黒岩さんがいないと福祉が動きませんのでよろしくお願いします。
最後までやり遂げてください。
よろしくお願いします。

２０２２年10月24日

小西勉」

「みんな鍵の中へ戻ることになる」という言葉。確かにそうかもしれないなと思わざるをえなかった。そう感じてしまっている私にとって、「やめるなんて言わないでください」という言葉は重く響いた。

彼らを見捨てるわけにはいかない。

最終的に私が４期目への出馬を決断し、表明したのは、それから２か月後であったが、小西さんの手紙が私にとっての決定打となったのである。

4期目の私は県政を進める上で、「ジェンダー主流化」「ともいき主流化」「当事者目線主流化」の3つの主流化を前面に打ち出した。県のあらゆる政策はこの3つの視点を必ず反映することとした。

「ともいき主流化」とは、障害福祉の問題を扱う際だけ、「ともいき（共生）」の視点を意識するのではなく、災害対策、医療、教育、街づくり、文化・スポーツ、農林水産業など、すべての政策に「ともいき」の考え方を反映しようということである。

その具体策として、県の審議会、委員会、検討会など、すべての会議に障害当事者にメンバーとして入ってもらおうと考えた。しかし、障害当事者のみなさんからご意見を伺ったところ、すべてに入る必要はないとのことだったので、入る必要があるかないかの判断そのものを当事者のみなさんにお願いすることとした。

それとともに、神奈川県障害者施策審議会に障害当事者だけをメンバーとする障害当事者部会を作った。おそらく全国で初めてのことだろう。初回から、当事者同士の活発な議論が展開された。

ちなみに初回の議題は「障害者」「障がい者」「障碍者」の表記についてであった。人に対して「害」を使うのは問題ではないかということで、県としては、これまで「障がい者」という表現を使ってきた。

しかし、意外なことに、障害当事者の中から、「『害』は本人ではなく、社会の方にある。それを明確に示すために『障害者』の方がいい」という意見が出てきた。まさに当事者目線ならではの考え方である。ただ、この問題は部会の中でさまざまな意見が出てきたため、今後も検討していくこととなった。

さらに私は「異次元の障害者雇用」を打ち出した。神奈川県は２０１９年からＡＬＳ（筋萎縮性側索硬化症）患者の高野元さんを非常勤の県職員として採用し、共生社会アドバイザーをお願いしてきた。遠隔操作できる分身ロボット「OriHime」やご自身が代表を務める企業で開発した、視線だけで操作ができる身体障害者向けの講演システムなどを使って、会議に参加してこれまでにさまざまなアドバイスを頂戴するとともに、職員向けの講演会なども行なっていただいた。発病される前は優秀なＩＴエンジニアだった髙野さんだけに、ＡＬＳ患者のまさに当事者としての思いを的確に伝えていただき、県庁職員からも絶大な信頼を得ている。

高校生の時に発症した難病が大学生の時に悪化し、外出困難となったみさきさんも県の会計年度任用職員として、平塚・小田原・相模原の各市役所の窓口や福祉ショップに設置した「OriHime」のパイロットとして働いている。遠隔からの憲章のＰＲはお客様からも好評で今やショップの人気者として大活躍している。

テクノロジーによって一人一人のハンディキャップを補うことができれば、障害者の雇用はまだまだ広がりうるだろう。「OriHime」は自ら引きこもりを体験してきた吉藤健太朗氏が株式会社オリィ研究所を立ち上げ、ロボットの力で一人一人が抱える困難を克服させたいとの思いで開発したものである。

ハンディキャップを補うのはテクノロジーだけではない。人間の知恵と工夫と愛情である。

日本テレビの24時間テレビでドラマ化された「虹色のチョーク」のモデルとな

った川崎市の日本理化学工業株式会社。従業員の7割が知的障害者で、チョーク製造のラインは知的障害者が100%担っている。なぜ、そんなことができるのか？　大山社長は「人が仕事に合わせるのではなく、仕事を人に合わせる」からだと言う。

仕事が先にあって、そのやり方を学ぶのが通常である。しかし、知的障害者にはその学習が困難なことも多い。ただ、一概に知的障害者と言ってもそれぞれ得手不得手があり、同じではない。一人一人の特性に合わせた仕事のやり方を工夫して、みんなができるようにする。色の識別だけで振り分けるようにするなど、単純作業に落とし込み、結果的にみんなで力を合わせて、製品が完成するようにするのである。

私も現場を見学したが、知的障害者の皆さんが真剣に与えられた仕事を的確に果たしていることが確認できた。集中力は彼らの方が上回っているかもしれないとさえ感じた。そして、数人と対話もしたが、誇らしげな笑顔が印象的だった。

私は知事として、毎年、県内の経済団体に対し、障害者雇用の促進を依頼すると同時に、県庁も率先して障害者雇用を増やしている。しかし、障害当事者の皆さんとこんなにたくさん接してきた実感から私が確信したのは、もっともっと一緒に働けるはずだということである。２０２４年からの法定雇用率は民間で２・５％、国・地方公共団体で２・８％であるが、数的にも、質的にも、「異次元」と言われるほどの障害者雇用を目指していきたいと考えている。

つまり、どの職場も「ごちゃ混ぜ」にしていきたいということである。

障害当事者のみなさんからの熱い思いを受けて今の私がある。障害福祉の現場を抜本的に改革しなければならないのは当然であるが、社会全体を変えていかなければ、本当の改革にはつながらないだろう。

道は遠い。しかし、私たちは歩みを止めるわけにはいかない。二度とあのような事件を起こさないために、本当の意味での「ともに生きる社会」を目指して、私たちは歩み続けなければならない。

今年も、事件のあった7月26日、津久井やまゆり園事件追悼式が開かれる。

参考文献

「月刊創」（２０２０年8月号、２０２０年10月号、２０２１年12月号）
『ルポ「命の選別」誰が弱者を切り捨てるのか？』千葉紀和、上東麻子著（文藝春秋）
『やまゆり園事件』神奈川新聞取材班著（幻冬舎）
『虹色のチョーク　働く幸せを実現した町工場の奇跡』小松成美著（幻冬舎）
『相模原障害者殺傷事件』朝日新聞取材班著（朝日新聞出版）
『普通をずらして生きる　ニューロダイバーシティ入門』伊藤穰一、松本理寿輝著（プレジデント社）
『悲しみを力に　ダウン症の書家、心を照らす贈りもの』金澤泰子著（ＰＨＰ研究所）
『翔子　書家金澤翔子　屏風百点作品集　特装版』発行　金澤泰子
『障害者雇用で幸せになる方法　もにす認定5社の企業戦略』砂長美ん監修（ラグーナ出版）
WAVE+　https://www.okamura.co.jp/magazine/wave/archive/1512oyaB.html

年月日	内　容
2023年 1月1日	条例について「県のたより」1月号にて特集記事を掲載
3月30日	「みんなで読める神奈川県当事者目線の障害福祉推進条例～ともに生きる社会を目指して～」冊子版をリリース
4月1日	「神奈川県当事者目線の障害福祉推進条例～ともに生きる社会を目指して～」を施行
5月12日	「県立中井やまゆり園当事者目線の支援改革プロジェクトチーム」から当事者目線の支援改革プログラムを受領
7月13日	金澤翔子さんが「ともに生きる社会かながわ応援大使～ともいき大使～」に就任
7月24日	中井やまゆり園で利用者と対話
7月31日	「県立中井やまゆり園当事者目線の支援アクションプラン」を策定
9月4日	「県立中井やまゆり園改革アドバイザリー会議」を設置
10月12日	国連障害者権利委員会サー・ロバート・マーティン委員など海外の障害当事者と対談
12月25日	「県立障害者支援施設の方向性ビジョン」を策定
2024年 2月3日	当事者目線の権利擁護支援全国フォーラムin神奈川に登壇
1月25日	神奈川県障害者施策審議会に障害当事者で構成する障害当事者部会を設置
3月29日	神奈川県当事者目線の障害福祉推進条例～ともに生きる社会を目指して～に基づく基本計画の策定

年月日	内　容
2022年 3月3日	「県立中井やまゆり園における利用者支援外部調査委員会」を設置
3月29日	「当事者目線の障がい福祉に係る将来展望検討委員会」から、検討結果報告書を受領
4月26日	「県立中井やまゆり園における利用者支援外部調査委員会」から調査結果（第一次）を受領
5月17日	知事：障害当事者との対話（神奈川県身体障害者連合会）
6月4日	知事：障害当事者との対話（にじいろでGO!）
6月8日	知事：障害当事者との対話（鎌倉海藻ポーク）
7月12日	第2回県議会定例会厚生常任委員会に条例素案を報告
8月6日	当事者を中心とした「よくわかる版（当時の仮称）」ワーキンググループ発足。以降、8月～10月まで7回のワーキンググループを開催
9月5日	知事：「県立中井やまゆり園における利用者支援外部調査委員会」から調査結果報告書を受領
9月7日	知事：第3回県議会定例会本会議にて条例議案を提案
9月19日	知事：国連障害者権利委員会ラスカス副委員長と対談
10月14日	知事：第3回県議会定例会本会議にて条例議案が全会一致で成立
10月21日	「神奈川県当事者目線の障害福祉推進条例～ともに生きる社会を目指して～」を公布
10月24日	知事：「みんなで読める 神奈川県当事者目線の障害福祉推進条例～ともに生きる社会を目指して～」（通称「わかりやすい版」）を受領。※ワーキンググループメンバーから知事へ手交
11月29日	知事：当事者5人との座談会（内容は同年12月23日の読売新聞にて条例の新聞広報として掲載）
12月18日	知事：当事者目線の障がい福祉推進シンポジウムを開催

年月日	内　容
2021年 3月30日	「障害者支援施設における利用者目線の支援推進検討部会」から、検討結果報告書を受領
6月21日	「当事者目線の障がい福祉に係る将来展望検討委員会」を設置
7月4日	津久井やまゆり園開所式
7月26日	知事：愛名やまゆり園視察
8月2日	知事：障害当事者との対話（ピープルファースト横浜・きょうされん）
9月27日	「県立中井やまゆり園当事者目線の支援改革プロジェクトチーム」を設置
10月5日	知事：中井やまゆり園視察
10月18日	知事：障害当事者との対話（アール・ド・ヴィーヴル）
10月20日	「当事者目線の障がい福祉に係る将来展望検討委員会」から、中間報告書を受領
10月29日	知事：てらん広場視察
11月5日	知事：障害当事者との対話（猿渡 達明氏）
11月16日	芹が谷やまゆり園開所式 知事：「当事者目線の障がい福祉実現宣言」の発表
11月18日	知事：障害当事者との対話（日本ALS協会）
11月30日	令和3年第3回県議会定例会 代表質問 知事：「当事者目線の障がい福祉」の実現を目指し条例を制定することを答弁
12月10日	第3回県議会定例会厚生常任委員会に条例の基本的な考え方を報告
2022年 2月7日	知事：障害当事者との対話（ピープルファースト横浜）
3月2日	第1回県議会定例会厚生常任委員会に条例骨子案を報告

年月日	内　容
2019年 12月5日	知事：本会議発言 共同会理事の逮捕、津久井やまゆり園で不適切な支援が行われていたとの情報を踏まえ、「やまゆり園」の指定管理者の非公募方針を撤回し、公募で選定する方針を発言
12月9日	知事：てらん広場を訪問（平野さん、吉田さんへの謝罪）
12月13日	知事：てらん広場を訪問（松田さんへの謝罪）
12月14日	知事：芹が谷園舎を訪問、方針変更について、利用者・家族・職員に対して説明
12月21日	知事：芹が谷園舎訪問、利用者・家族（2組）との対話
12月26日	知事：芹が谷園舎訪問、共同会職員との対話
2020年 1月8日	津久井やまゆり園事件 裁判員裁判 初公判
1月10日	「津久井やまゆり園利用者支援検証委員会」を設置
2月10日	知事：津久井やまゆり園の家族との対話
2月20日	知事：ピープルファースト横浜から要望書を受領
3月16日	津久井やまゆり園事件 判決
3月17日	予算委員会等で津久井やまゆり園の指定管理の方向性合意 知事：津久井やまゆり園及び芹が谷やまゆり園について、令和4年度まで非公募で共同会を指定管理者とすることを提案
5月14日	「津久井やまゆり園利用者支援検証委員会」中間報告書
6月30日	知事：障害者団体（きょうされん、DPI日本会議、全国手をつなぐ育成会連合会、ぷかぷか等）から要望書を受理
7月8日	「障害者支援施設における利用者目線の支援推進検討部会」を設置
11月7日	知事：障害当事者との対話（にじいろでGO!）

1

津久井やまゆり園事件後の経過

年月日	内　容
2016 年 7 月 26 日	津久井やまゆり園事件発生 知事：津久井やまゆり園訪問、家族会会長等に弔意を表明
7 月 29 日	津久井やまゆり園事件再発防止等対策本部を設置
8 月 11 日	知事：津久井やまゆり園訪問、現状の確認・意見交換等
9 月 23 日	第 5 回津久井やまゆり園事件再発防止対策・再生本部会議 知事：「現在地における全面的建て替え」の方向性を公表
10 月 14 日	「ともに生きる社会かながわ憲章」の策定
2017 年 1 月 10 日	津久井やまゆり園再生基本構想に関する公聴会を開催
1 月 18 日	神奈川新聞に「黒岩知事『心外』発言の波紋」と題した記事が掲載（18、19 日の 2 日間掲載）
1 月 27 日	第 7 回津久井やまゆり園事件再発防止対策・再生本部会議 知事：公聴会の意見を受け、全面的建て替え方針の再検討を指示
2 月 3 日	神奈川県障害者施策審議会に、「津久井やまゆり園再生基本構想策定に関する部会」を設置
4 月 5 日、 21 日	津久井やまゆり園の利用者が芹が谷園舎に移転
7 月 23 日	事件後はじめての追悼式を県、相模原市、かながわ共同会の共催により開催（於：相模女子大学グリーンホール）
8 月 17 日	津久井やまゆり園再生基本構想策定に関する部会検討結果報告書を受領
10 月 14 日	「津久井やまゆり園再生基本構想」の策定
10 月 17 日	津久井やまゆり園再生基本構想説明会 知事：芹が谷園舎を訪問、家族等に対して構想内容を説明

装丁
鈴木大輔（ソウルデザイン）

表紙作品
「ともに生きる日本と世界の横浜」横溝さやか / 嬉々 !!CREATIVE
「無題」大野晋平 / 嬉々 !!CREATIVE

〈著者紹介〉
黒岩祐治　1954年兵庫県神戸市出身。早稲田大学政経学部卒業後、(株)フジテレビジョン入社。「FNNスーパータイム」「(新)報道2001」のキャスターを21年務める。自ら企画・取材・編集まで手がけた救急医療キャンペーンが救急救命士誕生に結びつき、第16回放送文化基金賞などを受賞。退社後、国際医療福祉大学大学院教授を経て、2011年神奈川県知事に就任。現在4期目。高齢化社会をよりよくする世界のトップリーダー50人「The Healthy Aging50」に選出される。

嫌われた知事
2024年7月26日　第1刷発行

著　者　黒岩祐治
発行人　見城 徹
編集人　森下康樹
編集者　小川貴子

GENTOSHA

発行所　株式会社 幻冬舎
〒151-0051 東京都渋谷区千駄ヶ谷4-9-7
電話：03(5411)6211(編集)
03(5411)6222(営業)
公式HP：https://www.gentosha.co.jp/

印刷・製本所　中央精版印刷株式会社

検印廃止

ISBN978-4-344-04328-2 C0095

この本に関するご意見・ご感想は、
下記アンケートフォームからお寄せください。
https://www.gentosha.co.jp/e/